D1063394

É para Ti
Senhor

Ana Paula Ornelas

em depoimento a Márcia Lima Gomes

É para Ti Senhor

1ª Edição - 2015
Vila Velha - ES

© 2015—Above Publicações
Editor Responsável
Uziel de Jesus

Gerente Editorial
Breno Queiroz

Revisão
Igor Carvalho

Capa
Jônatas Rabello

Pré-Impressão
Breno Queiroz

Diagramação
Jairo Bonellá

Editora Above
(27) 4105-3374
www.aboveonline.com.br

Ficha catalográfica

O742e
    Ornelas, Ana Paula, 1974 -
       É para Ti Senhor / Ana Paula Ornelas. – Vila Velha : Above
publicações, 2015.
    264 p. ; 16x23 cm.

    ISBN 978-85-8219-283-2

    1. Superação. 2. Cristianismo. 3. Testemunho. I. Título

CDD 248.5

Catalogação na publicação:
Bibliotecária: Andréa da Silva Barboza – CRB7/6354

Dedicatória

Ao Pai, a Jesus e ao Espírito Santo.

Aos meus pais *in memoriam* Nelson Paulo de Castro e Mary Eloíse Rodrigues de Castro.

Ao meu esposo Victor Bouzada Ornelas.

Aos meus filhos João Victor de Castro Ornelas, Marcos Felipe de Castro Ornelas e Ana Júlia de Castro Ornelas e sobrinhos Pedro Durão Lanini de Castro e Beatriz Durão Lanini de Castro.

Ao meu irmão Rodrigo Paulo de Castro e à minha cunhada Fernanda Durão Lanini de Castro.

Aos meus familiares, amigos e irmãos em Cristo.

A esta geração.

Agradecimentos

A Deus Pai, Filho e Espírito Santo. Por escrever uma história de sucesso para mim sobre qualquer circunstância.

Ao meu esposo Victor Bouzada Ornelas, você é meu bem maior. Através de você tenho sido muito abençoada e feliz.

Aos meus filhos João Victor de Castro Ornelas, Marcos Felipe de Castro Ornelas e Ana Júlia de Castro Ornelas. Vocês são a riqueza que o Senhor me deu na terra. Vocês são as delícias que o Senhor tem me presenteado em vida.

Ao meu irmão Rodrigo Paulo de Castro. O fato de você existir é um presente para mim, te amar me faz bem. Obrigada por decidir ser um vencedor, suas conquistas fortificam minha vida.

A minha amiga Márcia Lima Gomes, por aceitar juntamente comigo a dar vida a este projeto. Eu posso dizer que sem você não seria possível. Muito obrigada eternamente.

Aos meus pastores, os apóstolos Ouriel de Jesus e Jussara de Jesus por acreditarem em mim e me apoiarem.

Aos pastores Getúlio Fagundes e Vanja Fagundes, por tudo o que depositaram em mim, por tudo o que me ensinaram e me ensinam. Por todo amor que vocês depositam em mim.

Ao apóstolo Geziel Gomes pelas palavras profetizadas em minha vida e por ser quem é em Deus. Em muitos momentos importantes da minha vida, Deus o colocou presente. Agradeço a Deus por isto, é uma honra para mim.

À igreja Revival Church for the Nations na cidade de Peabody, MA. Por estarem ao meu lado durante treze anos me ensinando e permitindo serem ensinados. Vocês fazem parte da minha vida. Obrigada por me amarem e me aceitarem.

Aos meus familiares que sempre fizeram parte da minha história e de alguma forma contribuíram com ela.

Aos amigos que fiz nestes quarenta anos de vida, obrigada por vocês me amarem e fazerem parte da minha vida.

Prefácio

"Os teus olhos viram o meu corpo ainda informe, e no teu livro todas estas coisas foram escritas, as quais iam sendo dia a dia formadas, quando nem ainda uma delas havia. E quão preciosos são para mim, ó Deus, os teus pensamentos!"

(Sl. 139:16-17)

O sonho da minha amada esposa, Ana Paula, de escrever um livro aos 40 anos de idade, narrando sua trajetória de vida, finalmente se tornou realidade com o *É PARA TI SENHOR*.

Creio de todo o meu coração que esta obra está dentro das escritas de um outro livro, ainda em construção, como está prescrito nos versos do Salmo acima, onde vemos que Deus é o verdadeiro escritor de nossas histórias. Louvo a Deus por fazer parte da história que Ele está escrevendo através da vida da minha esposa, pois desde os 4 anos de idade nossas vidas se cruzaram e estamos mais amalgamados do que nunca.

Participei dos muitos acontecimentos vividos e narrados nesta obra que foram trágicos por vezes, e gloriosos por outras, ao lado da Ana Paula. Não tenho nada mais do que gratidão a Deus por saber que em todo tempo o Senhor esteve presente ao lado da Ana, sustentando-a, livrando-a, abençoando-a e dando sentindo à sua vida que por muitas vezes parecia ter sido desencarrilhada.

Lendo esta obra, pude me dar conta de como Deus me abençoou com uma mulher de tão grande valor para Ele! Pude me surpreender como Deus pôde capacitar Ana Paula a internalizar e guardar de forma tão vívida as memórias que hoje compõem esta narrativa. Lendo e muitas vezes chorando, pude perceber como o mover do Senhor utilizando Sua graça divina como pano de fundo, conduziu-a de tal forma que pôde se encontrar com o autor da sua história e achar o propósito de sua vida, ainda que no caminho houvesse traumas, dores e perdas. Deus, Tu és tremendo!

É para ti Senhor é mais que um livro para Ana Paula, é parte da sua história! História essa, que eu, nossos filhos, parentes, amigos, ovelhas e pastores temos sido personagens escolhidos pelo Senhor para ajudá-la a viver para a glória Daquele que a criou. Tenho profunda convicção que este livro tocará muitos corações que ao lerem, cada página, cada parágrafo, cada linha, serão impactados com a forma como o Senhor se revelou a esta menina que viveu seus primeiros anos como se o mundo fosse um grande paraíso cor-de-rosa, como sugere o primeiro capítulo, mas estas matizes de rosa se tornaram cores cinzas e em algumas instâncias negras, até que o Pai das luzes, em Quem não há sombra de dúvidas ou variações, brilhasse a luz da Sua graça trazendo-lhe salvação e devolvendo-a o sabor da vida abundante.

Encorajo a você leitor, que leia esta obra com o seu coração aberto para receber a mesma graça que consolou a Ana Paula em tempos difíceis como, por exemplo, os dias em que ela perdeu ambos os pais. Encorajo a todos que lerão esta obra que percebam que as lutas fazem parte de um tempo e do trabalhar de Deus em nossas vidas quando o Senhor ministra de forma abundante Sua graça e poder aperfeiçoando-nos para a Sua Glória. O apóstolo Paulo escreve aos Coríntios as seguintes palavras: *"Bendito seja o Deus e Pai de nosso Senhor Jesus Cristo, o Pai das misericórdias e o Deus de toda consolação, que nos consola em toda a nossa tribulação, para que também possamos consolar os que estiverem em alguma tribulação, com a consolação com que nós mesmos somos consolados de Deus."* Permita que a graça de Deus o console com esta leitura.

Creio que parte da história vivida pela Ana Paula e narrada nesta obra é para a consolação de muitos corações. Nossa oração é que Deus continue escrevendo toda esta história desta linda pessoa com quem divido a minha própria vida, e que um dia possamos glorificá-lo por toda a vida que ela viveu para a glória do Senhor.

Quero deixar registrada minha profunda gratidão a Deus pela vida da minha esposa que tem sido um exemplo de perto para mim, de alguém que entendeu o propósito de Deus para sua vida e tem se derramado aos pés de Jesus Cristo como um unguento de muito valor. Tenho certeza que a exemplo daquela mulher, Maria de Betânia, que derramou seu perfume caríssimo sobre Jesus e ouviu Ele dizer a seu respeito, *"ela fez tudo que pôde!"*, um dia, certamente, ouvirei isto acerca da minha maravilhosa esposa, pois ainda estamos no começo desta história!

Que venham os demais volumes que serão para dar testemunho do Senhor e Sua bondade.

Sua história me inspira...

I love you.

Victor Ornelas

Sumário

CAPÍTULO 1

Meu mundo cor-de-rosa

Agradeço a meu Deus toda vez que me lembro de vocês.
Filipenses 1:3

Levantei da cama naquela manhã fria de começo de inverno e, como de costume, abri a cortina para observar o clima. Uma chuva fina teimava em cair em um dia nublado da Nova Inglaterra. Sorri baixinho e pensei: "Graças a Deus que ainda não é neve".

Morávamos em uma casa confortável na cidade de Peabody, no estado de Massachusetts, Estados Unidos. Durante algum tempo, a casa me serviu também como consultório para atender meus pacientes, enquanto me preparava economicamente para abrir a tão sonhada clínica de nutrição, o que acabou acontecendo poucos anos depois.

No último verão, os meninos aproveitaram o gramado do grande quintal nos fundos da casa para correr, jogar bola e fazer mil estripulias debaixo do sol quente. Com a chegada do inverno, o mesmo espaço estava prestes a se transformar em um campo de batalha de bolas de neve disparadas em alta velocidade, embaladas pelas gargalhadas ludibriantes dos pequenos que, de porte das famosas metralhadoras Nerf, personificam soldados, constroem campos de concentração e tanques de guerra imaginários. Em breve, mais um rebento estaria se juntando à turminha.

Por um momento, um filme se passou em minha memória. Chegamos aos Estados Unidos – eu, meu marido Victor e meu filho João – em julho de 2002. Quando arrumei as malas na cidade de Viçosa, Minas Gerais, com a intenção de passar 20 dias de férias em Boston, jamais poderia imaginar que estava fazendo uma viagem apenas de ida. Foi um passo de fé em uma caminhada marcada por percalços e sofrimento. Na época, não foi nada fácil abdicar dos meus sonhos que haviam sido erguidos pedra sobre pedra, apesar do descrédito de alguns que me rodeavam. Deus me deu a oportunidade de provar o meu triunfo para a mesma sociedade que testemunhou o que poderia ter sido o último golpe na vida da menina já marcada pela tragédia. De uma hora para outra, o Senhor me pedia para renunciar e obedecer. Eu precisava entregar, mais uma vez, os meus sonhos em suas mãos em um ato de total confiança, justamente, no melhor momento da minha carreira.

Agora, sim, 13 anos depois, eu estava apta a compreender que os planos de Deus eram muito mais altos do que minha limitação me permitia enxergar naquele momento. Entendi, afinal, o que o Senhor começou a me ensinar ainda na infância: o milagre aconteceria na minha vida através da obediência. Aquela criança, que se encolhia insegura sob o olhar comiserado dos adultos, havia dado lugar a uma mulher feliz, amada, com uma linda família, realizada profissionalmente, acolhida nos braços do Pai e transformada pelo poder do Espírito Santo.

Fechei a cortina e olhei a minha volta, tudo já estava preparado com antecedência. Deixei meus filhos João Victor e Marcos Felipe aos cuidados de uma amiga na minha casa. Victor pegou a pequena mala que há dias estava pronta num canto do quarto e seguimos em direção ao Massachusetts General Hospital, em Boston. Eu nunca gostei de hospitais, mas, dessa vez, conversávamos animadamente enquanto percorríamos o caminho. Instintivamente, passei a mão na minha barriga no auge das 39 semanas de gestação, como que se despedindo definitivamente dela. Era a minha terceira gravidez e a Ana Júlia, minha primeira e única menina, estava a ponto de nascer como um presente antecipado de Natal naquele 23 de dezembro de 2011.

Entramos no hospital em direção à enfermaria. Eu já conhecia os procedimentos e, mesmo assim, sentia um pouco de ansiedade pela expectativa da chegada do bebê. A pedido do Victor, parei no corredor do hospital e sorri para uma foto. Minha última foto com a barriga de grávida. Eu vestia uma blusa folgada combinando com uma calça de moletom cinza. Usava um tênis que ainda conseguia acomodar confortavelmente os meus pés inchados. Estava agasalhada com um casaco branco. Branco como a luz fria e gélida dos corredores longos do hospital.

Enquanto tudo transcorria como esperado, mil pensamentos visitavam a minha mente. Lembrei-me do parto do meu filho João, no Brasil, e da alegria de ser mãe pela primeira vez. Pensei no dia do nascimento do meu filho Marcos, já aqui nos Estados Unidos, e como ambos nasceram tão diferentes. O primeiro magrinho, bem miudinho e o segundo, um meninão pesando quase quatro quilos. "Como seria a Ana Júlia?" Logo eu descobriria.

Olhei para o Victor enquanto ele segurava a minha mão. Meu marido amado e o pai dos meus filhos. Então, senti uma saudade profunda da minha mãe e do meu pai e desejei que eles também pudessem estar comigo.

Me parece impossível passar pelas experiências de gestação e parto sem revisitar minha própria trajetória familiar. Minha memória me levou, então, até a década de 80 quando eu também estava em um hospital em circunstâncias completamente diferentes: vítima de um terrível acidente de carro que mudaria para sempre a vida da minha família. Chacoalhei a cabeça como que para apagar esse devaneio. Minha Ana Júlia estava nascendo e eu me concentrei naquele momento. Meu coração estava em festa com a chegada de uma menina bela e saudável.

Dias depois, já em casa, a família começava a se adaptar com a demanda de um recém-nascido. Temporariamente, interrompi os trabalhos da clínica para me dedicar com total afinco aos cuidados da minha pequena. As noites, interrompidas por períodos de amamentação e trocas de fraldas, eram recompensadas pelo olhar terno da Ana Júlia. Eu, o Victor e os meninos estávamos extasiados de amor por nossa menininha. Em muitos momentos, eu me permitia vagar em profundas reflexões sobre a minha própria infância, enquanto observava a dinâmica da minha família. Embora tenha passado por situações terríveis, há, igualmente, tantas boas recordações que carregarei eternamente no meu coração. Meus pais estabeleceram um alto grau de qualidade familiar que eu me esforço para reproduzir com meus filhos.

Passei grande parte da minha infância no Rio de Janeiro, onde nasci no ano de 1974. Meus pais, Nelson e Mary Castro, eram mineiros, mas estavam bem habituados a viver na cidade maravilhosa. A primeira etapa da minha meninice foi muito tranquila. O meu tempo era dividido entre a escola e as aulas de inglês, balé e natação. Tinha boa saúde, amor, educação. O que mais eu poderia desejar? Do alto da minha percepção infantil, o mundo era completamente cor-de-rosa.

Morávamos no Méier, bairro histórico da Zona Norte. Meu pai era um homem trabalhador, funcionário da Petroquisa, empresa subsidiária petroquímica da Petrobras. Formado em administração de empresas, papai exercia a função com excelência. A existência, porém, nem sempre fora fácil para ele. Com apenas nove anos, ele teve o seu primeiro emprego como ajudante de farmácia, manuseando ácidos e outros elementos químicos para a esterilização de seringas e vidros de manipulação. Algumas vezes, eu o ouvia resmungar sobre a dureza da vida enquanto entornava alguns copos de cerveja goela abaixo, mas nada que a minha mãe não pudesse intervir e a situação fosse controlada rapidamente. Juntos, eles eram imbatíveis.

Mamãe era chamada por todos de Meire, mas o escrivão a registrou como Mary. Ela era professora de artes, redação e inglês do Ensino Médio no Educandário Madre Güell, situado no Méier, o mesmo colégio que eu estudei até o nono ano do Ensino Fundamental, antiga oitava série. Profissional dedicada e admirada por seus pupilos, mamãe era muito dinâmica e estava sempre envolvida com as apresentações de folclore da escola. Preferida de dez entre dez alunos, ela saía do colégio carregando inúmeras sacolas de presentes todos os anos no dia dos professores.

Em 1979, antes mesmo que eu tivesse completado os cinco anos de idade, fomos presenteados com o nascimento do meu irmão.

Rodrigo e eu éramos muito unidos, apesar da diferença de idade, e nossos laços se fortaleceram ainda mais depois do infortúnio que nos assolou.

Minha infância no final dos anos 70 e início dos anos 80 foi marcada por dois períodos fortemente separados pelo acidente que aconteceu em 1983. Até então, era como se eu tivesse passado toda a minha vida em uma redoma, protegida pelo amor e segurança da minha família. Hoje me parece até que eu era uma criança rasa, que não se apercebia das nuances que aconteciam a minha volta. Na verdade, eu era mesmo muito feliz, ainda que não pudesse compreender essa felicidade que reinava nos pormenores de nossos relacionamentos.

Sabe uma situação que me deixava alegre? Conviver com as manias do senhor Nelson. Como bom administrador, papai era tão metódico que chegava a ser cômico. Tudo o que lhe envolvia precisava ser muito organizado. Seu guarda-roupa, por exemplo, era cheio de armadilhas. Bastava uma caixa fora do lugar e ele já queria saber quem andou bisbilhotando suas coisas. Ele tinha pastas etiquetadas para todos os documentos. Apaixonado por carros como todo brasileiro, ele passava boa parte dos sábados limpando a Brasília de cor mostarda. Tomar sorvete dentro do automóvel? Nem pensar! Mas a esquisitice mais divertida do meu pai, e que eu confesso ter herdado, acontecia durante as compras de supermercado. Ele nunca pegava os produtos da frente das prateleiras. E, com um ar compenetrado, me ensinava a lição:

— Ana Paula, sempre pegue os desodorantes, cremes, loções, qualquer produto que você queira, do final da prateleira. Sabe por quê? Porque o primeiro todo mundo experimenta.

Comprar latinhas amassadas, então? Isso estava completamente fora de questão.

Amávamos viajar em família. Nossos destinos corriqueiros eram a Zona da Mata do estado de Minas Gerais e a cidade de Petrópolis, no Rio Janeiro. Mas, mesmo os pequenos passeios pela cidade requeriam uma grande dose de organização. Já às quatro da manhã acordávamos, alvissareiros, para garantir o melhor pedacinho de areia em Grumari ou no Quebra-Mar, na Barra da Tijuca. No dia anterior a esses programas, passávamos horas e horas preparando a barraca de madeira de cedro, sanduíches de patê, saquinhos de batata frita e garantindo que as garrafinhas de Coca-Cola estivessem muito bem acomodadas na caixa de isopor. Chegávamos bem cedinho, quando a areia ainda não havia sofrido a ação do calor do sol, e nos acomodávamos, estrategicamente, nem tão perto do mar, para que a maré não invadisse nossa barraca, e nem tão longe, para que estivéssemos sob a vigilância constante de papai e mamãe.

Durante a montagem da barraca, o meu pai cavava um buraco bem profundo, tão profundo que não parecia ter fim. Ele fazia questão de assegurar a estabilidade da nossa cabaninha.

— Está vendo, Ana Paula? — indagava para, em seguida, completar — as barracas de todas as pessoas vão voar, menos a do pai.

Eu acenava com a cabeça em sinal de confirmação para, logo depois, correr em direção às águas claras da praia, me sentindo segura de que tudo que o meu pai preparava para nós era o melhor.

— Meu pai é forte e cuidadoso, não existe ninguém como o meu pai, ele é o meu herói — pensava satisfeita.

Se por um lado a cidade do Rio servia como palco para nossas atividades rotineiras – adorávamos passear nos *shopping centers*, Jardim

Botânico, Quinta da Boa Vista – as raízes mineiras sempre nos transportavam de volta para o estado de Minas Gerais. Era em Eugenópolis, junto com as avós Glorinha e Maria que vivenciávamos nossas tradições de Natal.

Mamãe, muito criativa, nos ajudava a retirar as folhas da goiabeira e decorá-las com flocos de algodão e bolas coloridas. As mulheres conversavam animadamente na cozinha preparando as gulodices da ceia; os homens se acomodavam na sala diante da televisão, bebericando doses de pinga, cerveja e conhaque; e as crianças corriam embevecidas de alegria pela laje do velho casarão. Lombo e pernil de porco não podiam faltar em nossa mesa farta, enquanto a família reunida celebrava as noites de Natal na pequena cidade mineira.

Foram esses momentos felizes que me deram o fundamento para suportar o que viria a acontecer anos mais tarde. Esse amor que me acobertou na infância foi a base, o que me deu sustento durante os períodos de solidão que estavam por vir. Me sinto grata a Deus por minha família e pelo exemplo que meus pais estabeleceram nos anos da minha infância.

Como em qualquer relação familiar, também tínhamos defeitos, mas, hoje, quando analiso a minha vida antes do acidente, são as ações de amor que se destacam. Meu pai venerava a minha mãe e fazia questão de demonstrar o seu sentimento através de suas atitudes. Ele a pegava no colo e seus olhos brilhavam em admiração por sua languidez e beleza. Tinha até certo ciúme, como bem me recordo. Eles eram visivelmente apaixonados. Ela era o seu porto seguro e, ele, definitivamente, o amor de sua vida.

Minha mãe cuidava de toda a família com zelo, encontrando equilíbrio entre o trabalho doméstico e as atividades exercidas na profissão de educadora. Ritualmente, todo início de ano letivo ela encapava e rotulava os meus cadernos com simpáticos desenhos de bichinhos coloridos. Aliás, ela conseguia a proeza de escrever o meu nome completo – Ana Paula Rodrigues de Castro – em etiquetas minúsculas afixadas em todo o meu material escolar, inclusive, em cada uma de minhas canetinhas e lápis de cor. Quantas vezes ela penteava os meus cabelos e os massageavam com mistura fétida de ovo e azeite na expectativa de deixá-los sempre sedosos e brilhantes, enquanto sussurrava conselhos de mulherzinha aos meus ouvidos:

— Filha, nunca repique os seus cabelos porque eles têm tendência a enrolar.

Ela me vestia com lindas roupas escolhidas a dedo e me cobria com bijuterias de prata.

Em datas especiais, preparávamos uma mesa gorda de café da manhã uns para os outros. Mas, era no dia a dia, nos pequenos gestos, que o amor era regado. Ao chegar do trabalho no fim da tarde, papai calçava os chinelos que mamãe lhe entregava já na entrada do apartamento e os dois se dirigiam ao banheiro. Enquanto o pai tomava banho, eles conversavam baixinho sobre o dia de trabalho e os problemas que teriam acontecido na Petroquisa. Curiosa, eu tentava ouvir secretamente a conversa deles até que, entediada, perguntava o que estavam fazendo.

— Não é assunto para criança, Ana Paula — diziam.

Banhado a sabonete Phebo, papai saía do banho cheirosíssimo, vestindo o pijama que ele havia deixado atrás da porta na noite anterior. Aliás, ele usava o mesmo pijama durante uma semana.

— Viu só, filha? O pai suja pouca roupa para sua mãe ter menos trabalho. Faça isso também.

Então, mamãe se dirigia para a cozinha, preparava um grande bife acebolado, prato preferido do meu pai, e nos reuníamos para jantar.

Eu jamais poderia imaginar que o meu conto de fadas se transformaria em um pesadelo. O meu castelo que, aparentemente, se mostrava firme e opulento, de fato, estava prestes a desmoronar. Definitivamente, eu não estava preparada para a série de eventos que estavam a ponto de acontecer. Foram anos de episódios desastrosos, um após o outro, até que Deus, em sua infinita misericórdia, se apresentou para mim, pegou em minha mão e restaurou a minha sorte.

CAPÍTULO 2

O ACIDENTE

Assim como os peixes são apanhados numa rede fatal e os pássaros são pegos num laço, também os homens são enredados pelos tempos de desgraça que caem inesperadamente sobre eles.

(Eclesiastes 9:12)

Passava das cinco da tarde quando, finalmente, decidimos voltar para casa depois de um dia agradável em um *shopping center* da Barra da Tijuca. Na década de 80, a Barra se destacava pelo crescimento populacional acelerado. Novas construções de hospitais, escolas, *shoppings*, supermercados, parques e condomínios residenciais pululavam por todo o bairro, e, muitos cariocas começaram a incluir a Zona Oeste como opção de lazer da cidade.

Era uma quarta-feira, 12 de outubro de 1983, feriado oficial em todo o Brasil pelo dia de Nossa Senhora Aparecida, padroeira do país, mas, para mim, o que importava mesmo era celebrar o dia das crianças, comemorado na mesma data. Eu me recordo com muitos detalhes dos acontecimentos desse dia. Passeamos pelo *shopping*, olhamos vitrines e fizemos um lanche no McDonald's. Na praça de alimentação, entramos em um cineminha e papai ficou do lado de fora nos aguardando enquanto degustava uma garrafa de cerveja – uma só. Ironicamente, nesse dia assistimos ao desenho animado do Peter Pan, o menino que não queria crescer. Eu nem desconfiava que, em um desses paradoxos da vida, ao contrário do Peter Pan, eu seria obrigada a crescer em um ritmo muito mais acelerado que a minha idade exigia.

Após o término do filme, caminhamos tranquilamente para o estacionamento do Barra Shopping. Todos se acomodaram na Brasília da família, sabedores de que pegaríamos a estrada no finzinho da tarde, pouco antes do anoitecer. O caminho de volta deveria durar mais de uma hora. Com sorte, esse tempo seria reduzido se conseguíssemos seguir a orientação de uma amiga que mamãe encontrara no *shopping* e que indicara um atalho para a Avenida Menezes Cortes, mais conhecida como autoestrada Grajaú-Jacarepaguá. Papai sentou-se ao volante e mamãe, ao lado dele, no banco do carona. Eu me ajeitei atrás junto com o Rodrigo e tia Lourdinha que nos acompanhou nesse dia.

Irmã do meu avô Maximino, tia Lourdinha, na verdade, era minha tia-avó e madrinha do Rodrigo. A dinda, como costumávamos chamá-la, fazia parte direta da família do meu pai. Nessa época, ela deveria ter por volta de 60 anos. Chegou ao Rio aos 30, e trabalhou na fábrica de perfumes Christian Gray até aposentar-se. O ambiente de trabalho rodeado de colônias, talvez, explique o fato de que ela não economizava no uso de pomadas e óleos aromáticos. Os anos no Rio haviam estreitado a amizade entre mamãe e tia Lourdinha. Suas visitas lá em casa eram rotineiras e aguardadas com expectativa. Nos divertíamos demais com sua presença envolvente todos os sábados e domingos. A dinda era uma mulher independente, solteira, sem filhos e completamente apaixonada pelo afilhado. Seu temperamento descontraído tornava a atmosfera da casa ainda mais festiva. De estatura baixa, muito alegre e falante, ela não conseguia controlar o volume da voz que estava constantemente alguns decibéis acima dos demais. Escondia o branco dos cabelos com uma rinsagem violeta que os deixavam divertidamente arroxeados. Na boca e unhas, era a cor rosa que predominava, ao passo que tinha o olhar marcado pelas sobrancelhas desenhadas com lápis preto.

Entramos no carro e partimos com destino ao Méier. Antes de acionar a chave do automóvel, papai e mamãe conversaram por alguns minutos sobre o novo caminho que deveriam tomar, certificando-se das minuciosidades da conversa que tiveram anteriormente. Era um período pré-GPS quando se contavam as ruas, uma a uma, antes de virar à direita ou à esquerda, e, os pontos de referência poderiam ser uma placa, uma loja, ou uma árvore qualquer no meio do percurso. Meu pai dirigia com muito cuidado para não confundir nenhuma indicação. Sóbrio e seguro, ele passeava pelas ruas do Rio tentando se lembrar de todos os detalhes para evitar que nos perdêssemos durante o itinerário.

A ideia de pegar o atalho para a autoestrada foi inteiramente da minha mãe, seguindo a orientação da amiga. Foi ela quem sugeriu e insistiu que o papai tomasse esse novo caminho. Talvez, ela estivesse cansada e desejasse chegar um pouco mais rápido em casa. Talvez, ela estivesse curiosa sobre uma nova opção de trajeto. Ou, talvez, mamãe estivesse preocupada com o que acontecera pela manhã.

Horas antes de sairmos de casa, eu presenciei uma conversa entre minha mãe e Marlene que me deixou intrigada. De cor clara, esbelta e dona de um sorriso tímido, Marlene era uma moça de uns 15 ou 16 anos que se mudou de Minas para o Rio para morar conosco. Embora exercesse atividades triviais como lavar louça, varrer a casa e tirar o pó dos móveis, ela tinha como função principal cuidar de mim e meu irmão enquanto os meus pais trabalhavam. Naquela manhã, mamãe e Marlene conversaram rapidamente sobre um assunto que parecia casual entre elas, mas foi a primeira vez que eu notei uma ponta de superstição na reação de minha mãe.

— Mary, eu não vou passear hoje com vocês, não — disse Marlene dirigindo-se a ela pelo primeiro nome, sem formalidades, como elas costumeiramente se tratavam.

— Por que, Marlene? — mamãe perguntou.

A resposta pareceu trazer um ar de inquietação ao rosto sereno de minha mãe.

— Eu sonhei com você, Mary — disse, e, após uma pequena pausa, completou — eu te entregava um buquê de rosas e ele se transformava em sangue.

Após dirigir por alguns minutos, alcançamos um cruzamento na Cidade de Deus, comunidade carioca que faz fronteira com os bairros de Jacarepaguá, Gardênia Azul, Freguesia e Taquara. Logo em frente, havia um conjunto habitacional com prédios baixos pintados em um tom bege desbotado. Na esquina à minha esquerda, um boteco com as portas lacradas, provavelmente, em decorrência do feriado.

Ao nos aproximarmos do entroncamento, papai reduziu a velocidade enquanto decidia qual direção tomar. Ele acreditava que deveríamos seguir para o lado esquerdo da encruzilhada, enquanto mamãe insistia que o caminho da direita era o correto. Diz-se que a dúvida é um estado de incerteza e a hesitação entre duas possibilidades. Não houve tempo para a tomada de decisão. Subitamente, um ônibus nas cores cinza e azul avançou o semáforo vermelho no lado direito do cruzamento e colidiu com o nosso carro, destruindo a lataria dianteira, desmantelando o capô e expondo o motor da Brasília em que nos encontrávamos. Em uma época em que o uso do cinto de segurança era ocasional, o choque da pancada lançou o corpo da minha mãe para frente. Sua cabeça bateu de encontro ao para-brisa do automóvel que se quebrou imediatamente. Fragmentos de vidro caíram sobre nós e uma lasca pontiaguda atingiu a orelha e o pescoço de minha mãe.

Por questões de segurança, os para-brisas modernos dos automóveis são formados por duas lâminas de vidro unidas por uma camada de plástico aderente. Essa composição impede que o vidro se estilhace em casos de choques como o que aconteceu com a minha família. No entanto, aproximadamente um ano antes do acidente, papai precisou trocar o para-brisa do carro. Durante uma viagem a Minas, nosso carro foi atingido por uma pedra que saltou de um caminhão à nossa frente. Paramos na estrada para o conserto do carro. Na ocasião, o funcionário da concessionária que nos atendeu garantiu a originalidade de fábrica do vidro colocado no automóvel. Infelizmente, descobrimos da pior maneira possível que ele não falou a verdade e, por causa disso, minha mãe corria risco de morte.

Os registros do dia do acidente jamais serão apagados da minha memória... Mamãe esguichava sangue pela fissura profunda aberta no pescoço. Um sentimento de terror se apoderou de mim. Papai foi o primeiro a sair do carro em total desespero. Meu irmão, com apenas quatro anos na ocasião, estava sem reação, em estado de choque. A dinda urrava pedindo por socorro. Eu estava apavorada e sem saber o que fazer. Tinha desejo de gritar e me jogar ao chão de tanta aflição. Ao invés disso, me ajoelhei, olhei para o céu a espera de um milagre e clamei a um Deus que eu só conhecia de ouvir falar.

— Jesus, tenha misericórdia de mim!

Imediatamente, senti um toque nas minhas costas como se Deus estivesse a minha espera com os olhos voltados para a minha dor. Então, ouvi uma voz que me perguntava:

— Você acredita nele?

Não tinha forças para me mover, mas eu sabia que não havia ninguém na rua. Ainda olhando para o céu eu respondi:

— Eu acredito nele.

Mais uma vez, aquela voz suave me falou:

— Ele vai cuidar de você.

Finalmente, tomei coragem para me virar e não vi ninguém, absolutamente ninguém.

Naquele momento eu não dei muita importância ao que tinha acontecido. Estava inteiramente envolta na confusão que se desdobrava diante dos meus olhos. O pai enrolava panos no pescoço da mãe na tentativa de conter a hemorragia enquanto ansiávamos, perdidamente, que mais alguém aparecesse para nos ajudar. O motorista do ônibus foi o primeiro que veio ao nosso socorro até que um táxi passou pelo local do acidente e, pouco a pouco, curiosos se aglomeraram em volta de nós. Fomos levados pelo taxista ao Hospital Cardoso Fontes, situado na descida da serra dos Pretos-Forros, aonde recebemos assistência médica de emergência.

Percebi que minhas roupas, antes tão branquinhas, agora se encontravam tingidas de púrpura pelo sangue da minha mãe. Eu até sentia algumas dores pelo corpo por causa da pancada, mas estava bem. Parecia que o caso de mamãe era o que inspirava mais cuidados. Eu a vi sendo carregada às pressas em uma maca.

— Para onde ela estaria sendo levada? — eu pensava, enquanto gritava — Mãe, mãe, mãe! Você está bem?

Mamãe respondia apenas com gemidos de dor, visivelmente transtornada e com um dos dentes frontais quebrado. Vê-la nesse estado me deixou ainda mais atemorizada. Com as barras da calça dobradas, papai seguia a maca a pé ao mesmo tempo em que se desmoronava em um choro profundo. Meu irmão entrou no hospital com os olhos petrificados, sem reação, enquanto a dinda gritava de dor e eu suplicava a todos que eu me deparava pela frente que, por favor, rezassem por minha mãe.

De repente, eu me encontrei solitária nos corredores do hospital. Por causa dos meus ferimentos leves, eu fui liberada sem demora, enquanto os meus familiares ainda recebiam os primeiros socorros. Saí perambulando pelo hospital, mas não conseguia encontrar o meu irmão, minha mãe, meu pai, a dinda... E, pela primeira vez na minha vida, me senti desamparada.

O campo de força imaginário que me protegia foi destruído e eu passei a compreender o que era a dor, a preocupação, a incerteza e a insegurança. A vida que eu conhecia se transformou por completo a partir do acidente. Parada no corredor gélido do hospital, eu só conseguia pensar na minha própria solidão. Eu precisava saber aonde eles estavam. Eu precisava saber se eles estavam bem. O medo se apoderou de mim. As batidas fortes do meu coração faziam ecoar palavras de incertezas na minha mente. Eu tremia de pavor. Suava frio. Chorava assustada. O que seria de nós a partir de agora? Eu queria desaparecer... Não! Eu queria acreditar que tudo aquilo não passava de um sonho – um terrível pesadelo. Com os olhos esbugalhados de tanto chorar, a respiração ofegante e a boca seca pela diminuição de saliva, eu aguardava ansiosamente que alguém se lembrasse de mim, mas todos estavam muito ocupados recebendo os tratamentos necessários.

Continuei andando de um lado para outro procurando minha família. Encontrei o meu irmão imóvel em uma sala de hospital enquanto uma médica suturava sua cabeça e rosto rasgados no acidente sem aplicação de anestesia, como soube mais tarde.

— Meu irmão está bem? — perguntei com um fio de esperança de que a vida algum dia pudesse voltar ao normal.

A médica se virou e perguntou, sobressaltada, logo que me avistou sozinha:

— Menina, o que você está fazendo aqui?

Eu insisti, ignorando a pergunta dela:

— O meu irmão está bem?

Para meu alívio, o Rodrigo estava fisicamente bem, mas ainda em estado de choque. A tia Lourdinha se encontrava no fundo da sala com o braço engessado e gritando de dor. Ela também havia se ferido levemente e seu estado não seria fonte de preocupação. Faltava, ainda, encontrar os meus pais.

As luxações na minha clavícula e perna pareciam não me incomodar a ponto de impedir a minha saga. Tudo o que eu queria era encontrar minha família e ter certeza de que todos os outros membros estavam em paz. Continuei andando pelos corredores do hospital, abrindo as portas e cortinas que encontrava pela frente.

Finalmente avistei o meu pai que me abraçou sem conseguir prender o choro. Sua perna estava enfaixada por causa de uma fratura e ele caminhava com dificuldades amparado por muletas. Que alívio poder estar nos braços do meu pai. Me senti protegida novamente. Eu tinha certeza que o meu pai, o meu herói, seria capaz de colorir novamente esse mundo preto e branco e assustador que havia se revelado. Infelizmente, estava prestes a descobrir que nem mesmo ele possuía esse poder. Como uma queda de dominós, as peças da minha vida seriam derrubadas uma após a outra. E o acidente foi apenas o primeiro fragmento que desencadeou uma sequência de acontecimentos nefastos.

Ainda atordoado, meu pai disse que precisava voltar ao local do acidente. Olhando diretamente em meus olhos, ele me falou que eu teria que ser forte e corajosa por mais um pouco de tempo.

— Não se preocupe, Ana Paula, logo eu enviarei alguém para vir buscar vocês.

Depois do encontro com o meu pai, tive notícias da minha mãe. Ela estava em uma parte restrita do hospital que eu não tinha acesso. Devido ao corte e a hemorragia que se seguiu, mamãe precisou passar por uma cirurgia e receber transfusão de sangue. Com os corpos feridos e o coração sangrando, saímos do hospital deixando minha querida mãe para trás.

Fomos levados para a casa de parentes na mesma noite após esse acontecimento. A Marlene veio ficar comigo e o Rodrigo, o que, de certa forma, transmitia um sentimento familiar diante de toda a estranheza que eu estava vivendo. A casa dos primos Vaninha e Losada era enorme, a maior casa que eu havia visto na minha vida. Encravada no meio de um terreno gigantesco, a casa chamava a atenção pela aparência exuberante, principalmente, em comparação com o pequeno apartamento em que vivíamos. Para se chegar à piscina, era preciso passar por um longo caminho de pedras fincadas no gramado bem cuidado, mas nada daquilo me importava. Tudo o que eu queria era ter a minha mãe de volta.

Logo que adentrei a mansão, recebi o carinho e atenção daqueles parentes pouco conhecidos. Os calombos na minha perna e pescoço receberam uma generosa camada de Gelol, o que trouxe uma sensação de conforto causada pelo mentol. Contudo, a dor do meu coração só aumentava diante dos olhares expiatórios de todos que se aproximavam. Longe de casa, deitada em uma cama estranha, minha mente se perdeu em meio aos pensamentos que se apoderaram completamente de mim.

— De que me adianta essa casa enorme? — eu lamentava com uma expressão de angústia. — Eu não preciso de nada disso. Eu posso morar para sempre no pequeno apartamento no Méier desde que eu tenha a minha mãe comigo. Aonde está a minha mãe?

Foi nessa noite que, duramente, compreendi que quando tem algo ruim acontecendo dentro de nós, as coisas materiais não são capazes de nos preencher.

A noite foi difícil com tantas indefinições pairadas sobre nossas cabeças. Geralmente, eu não me preocuparia com nada que não fosse uma boa nota na escola mas, agora... Ah, agora tudo estava diferente – eu estava diferente. Sentia o cansaço pesar no meu corpo, mas o temor vencia o sono. Notei um movimento incomum na casa e aguçei os ouvidos na tentativa de escutar a conversa dos adultos no cômodo adjacente. Eles falavam com meu pai pelo telefone e diziam que o carro havia sido depenado e movido da localização original da ocorrência. Nada poderia ser reaproveitado e, diziam, que o carro teria que ser levado para o ferro-velho. Além da saúde da minha mãe, do bem-estar dos filhos, o meu pai precisaria se preocupar, ainda, em provar sua inocência no acidente o que, felizmente, ele conseguiu.

Passada a primeira noite, a dinda voltou para sua casa e a Marlene assumiu a total responsabilidade por mim e meu irmão nos dias que se seguiram ao acidente. Fiquei um tempo sem ir para a escola e, mesmo assim, já não via papai como antes. De licença do trabalho, ele permanecia, dia e noite, ao lado da minha mãe no hospital. Acredito que ele passava em casa, rapidamente, apenas para tomar um banho, trocar de roupa ou resolver alguma situação que dependesse exclusivamente dele, mas não me lembro de encontrá-lo nesse período.

A cirurgia da minha mãe aconteceu conforme a previsão médica, mas ela não parecia querer acordar para a realidade que se descortinaria diante dela. Incapaz de abrir os olhos, pronunciar uma palavra ou movimentar sequer um dedo do pé, mamãe permaneceu em estado de coma por muitos dias. Nenhum estímulo era capaz de despertá-la do sono profundo em que se encontrava. Eu, por outro lado, me recuperei rapidamente das pequenas contusões, e, como toda criança, me permitia resistir à dor circunstancial da ausência de minha mãe na esperança de que ela voltaria para casa.

Depois de doze dias, mamãe despertou do coma, o que me trouxe grande alegria. Diariamente, ela mostrava sinais promissores de recuperação e, segundo os médicos, poderia voltar para casa em breve. Pouco tempo depois, papai me deu a notícia que tanto esperava:

— Sua mãe teve alta do hospital.

Mamãe entrou pela porta caminhando vagarosamente. Ela parecia diferente, com a cabeça enfaixada por ataduras e um corte na língua que dificultava a sua fala, mas eu estava radiante. Ela estava viva e em plena recuperação. Eu queria pular em cima dela, enchê-la de beijos e abraços, mas tive que me conter diante da preocupação do meu pai:

— Calma, filha. Tome cuidado com sua mãe.

Minha mãe estava de volta, nossa família estava novamente completa e isso era tudo o que importava. Por um pouco de tempo, voltamos a sorrir alheios de que o pior ainda estava por vir.

CAPÍTULO 3

CRENDICES E SUPERSTIÇÕES

O que o homem poderia dar em troca de sua alma?

(Marcos 8:37-38)

De volta do hospital, a rotina da casa passou a ser regida em torno dos cuidados com mamãe. A evolução de seu quadro clínico e recuperação exigiam trocas constantes de curativos. Mais tarde, minha mãe também faria sessões de fonoterapia que ajudariam na reabilitação da voz e no processo de deglutição que sofrera interferência por causa da região do pescoço atingida pelo trauma. Em meio a tudo isso, Rodrigo e eu continuávamos com nossas atividades rotineiras. Nossa família seguia a vida como quem havia sobrevivido a uma catástrofe.

A parte direita do rosto da mamãe exibia um corte desde a região da orelha, onde estilhaços de vidro haviam penetrado em sua pele, até a região do pescoço que sofrera a cirurgia. Papai fazia questão de trocar os curativos dos seus ferimentos. A alimentação dela também requeria atenção especial. Toda a comida precisava ser processada até ao ponto de alcançar uma textura pastosa que facilitasse a deglutição. Além da dificuldade de engolir, por um pouco de tempo, minha mãe teve interferência na fala por conta do corte na língua. Aos poucos, com a ajuda de uma fonoaudióloga, ela foi superando uma a uma todas as complicações. Com o tempo, cuidados e esforços, mamãe se recuperou completamente a ponto de retornar às atividades profissionais. Depois de tantos meses, nossa vida, finalmente, tinha voltado – quase – ao normal.

Se por um lado estávamos felizes com a total reabilitação de mamãe, por outro, um fato começou a me despertar para um mundo que eu desconhecia. Desde o acidente, passei a observar que minha mãe começara a dar vazão a crendices e superstições.

Oficialmente, nós éramos católicos, embora eu nunca tenha frequentado missas semanais com meus pais. Fui batizada na Igreja Católica em Eugenópolis, mas o meu exercício religioso se concentrava exclusivamente no prédio da escola, onde tomei aulas de catecismo, e, na sua capelinha, onde conclui a primeira comunhão. Por se tratar de um colégio de freiras, rezávamos diariamente e, só então, cantávamos o hino nacional no pátio e seguíamos para as salas de aula. Eu sabia de memória o Pai Nosso, Ave Maria e Salve Rainha.

Apesar da prática católica, o único Jesus que eu conhecia naquela época era o Cristo inerte pregado no crucifixo da capela. Não se fazia muita alusão a ele naquele lugar. Durante as reuniões semanais e aulas de religião da escola, ouvia-se falar de Deus, o Pai, mas a ênfase girava em torno de Nossa Senhora, a mãe do Filho de Deus. Durante todos os anos que estudei no Madre Güell, participei com destaque da solenidade de coroação de Maria no dia das mães. Nessas ocasiões, eu adentrava o corredor do cenário montado no pátio da escola vestida impecavelmente com uma indumentária cor-de-rosa bordada por mamãe. Carregava uma pequena coroa que deveria ser depositada na cabeça da imagem ou tinha nas mãos uma flor chamada palma que deveria ser colocada na mão da estátua.

Se por um lado Maria era a santa em que eu depositava a minha fé, eram os gêmeos Cosme e Damião que despertavam meu interesse infantil – mais pelos doces e menos pelas características de devoção. Conforme a tradição carioca, todos os anos no fim do mês de setembro, em ocasião do dia dos santos gêmeos, as pessoas preparam sacolinhas de papel decoradas com fotos dos santinhos e as recheiam com guloseimas – bala, pé de moleque, paçoca, maria-mole, pirulito. Depois, distribuem gratuitamente para a criançada. Quando chegava essa época, eu passava de apartamento em apartamento por todos os blocos do condomínio recolhendo inúmeros saquinhos. Eu comia aqueles doces sem me importar com a procedência ou rituais que faziam parte daquele costume, mesmo que muitos desses ritos estivessem ligados ao Candomblé e Umbanda – evidência do sincretismo religioso brasileiro. Minha mãe nunca fez objeção a isso.

Dentro de nossa casa, era um grande terço esculpido em madeira escura que representava nossa fé católica. Depois do acidente, porém, mamãe incutiu que precisava ser devota de Nossa Senhora Aparecida, já que o fato ocorreu, justamente, no dia da padroeira. Confesso que essa repentina demonstração de devoção à Santa me causou estranheza, mas foi o que aconteceu mais tarde que realmente me fez questionar o que se passava pela mente da minha mãe e o quanto o acidente abalou a sua integridade emocional e, principalmente, espiritual.

Com a aproximação das festas de fim de ano, nós viajamos de férias para Eugenópolis em 1983. Passamos o Natal com a família, como de costume e, na época de voltar para o Rio no início do ano letivo, mamãe insistiu que deveríamos mudar de residência. Ela alegava que havia "macumbeiras" no prédio que a desejavam mal. Imagino que papai tenha contestado essa ideia porque minha mãe se recusou definitivamente a voltar para casa. Em sinal de que ficaríamos em Minas, ela nos matriculou em uma escola da região e comprou todo o material escolar exigido pelo novo colégio. Chegamos a frequentar a escola em Eugenópolis por uma semana, até que papai, finalmente, acatou o pedido dela, procurou um novo apartamento e nós voltamos para o Rio de Janeiro.

Já no início do ano de 1984, deixamos o nosso apartamento próprio da Rua Cirne Maia, número 53, e fomos morar na Rua Getúlio, número 245. Essa mudança não fazia sentido. Além da proximidade de um apartamento para o outro – apenas três minutos a pé –, agora, meus pais teriam que pagar aluguel.

Se por um lado mamãe temia algumas pessoas que viviam ao nosso redor, por outro, uma menina havia conquistado a confiança de meus pais a ponto de permitirem que eu frequentasse a casa dela. Pouco mais velha que eu e, ainda assim, ligeiramente mais baixa, Soraia era uma garota de cabelos castanhos e cacheados que pendiam na altura do ombro. De família evangélica, ela morava no quarto andar do mesmo prédio da Rua Cirne Maia. A mãe da Soraia, dona Dirce, e a avó, dona Aparecida, faziam reuniões de oração no apartamento que eu acabava participando nas ocasiões que estava por lá. Elas me convidavam para receber oração, me ungiam com azeite da cabeça aos pés, enquanto clamavam em voz alta que Deus me guardasse e que conduzisse os meus caminhos até ele.

Certa vez, quando Soraia e eu brincávamos pelo prédio, avistamos uma moradora vindo de longe em nossa direção. A menina, então, virou-se para mim e me explicou com palavras de criança:

— Sabe aquela moça que está vindo ali? Ela é uma das "macumbeiras" do prédio. Quando você a vir, clame o sangue de Jesus porque ele tem poder.

Mesmo estando tão próxima, a mudança para o novo local acabou me afastando da Soraia, mas eu guardei aquela lição no meu coração sem saber que colocaria em prática muitas vezes durante a minha vida.

Já estabelecida no novo endereço, eu ainda não compreendia a justificativa sem fundamento da minha mãe para a mudança e tinha muitas dúvidas na minha mente. "Por que isso está acontecendo? Como minha mãe acredita nessas coisas? Será que isso tudo é verdade?" Ao mesmo tempo eu questionava se eu tinha motivos para duvidar dela, afinal, como eu poderia não crer no que ela cria? Ela sempre foi uma mãe dedicada e uma mulher inteligente. Então, procurei me conformar, mas no fundo, sentia insegurança.

Nem mesmo depois da mudança, mamãe acalmou o seu coração. Pouco a pouco, ela iniciou uma peregrinação pessoal por diversas religiões em busca da cura para a angústia na sua alma. Ah! Como eu gostaria que nessa busca ela tivesse conhecido o meigo Salvador...

Para ser bem sincera, eu não sei se a mamãe já sofria influência de sincretismo religioso antes do acidente. Eu desconfio que sim porque, já nessa época, parte dos amigos e familiares que moravam no Rio e frequentavam nossa casa eram adeptos de doutrinas espiritualistas. O fato é que, depois do acidente, eu fiquei mais sensível ao que acontecia ao meu redor, ao passo que a inclinação para o sobrenatural na vida da mamãe se intensificou. Suas novas práticas religiosas ficaram tão latentes que interferiam na dinâmica familiar. Ao invés de consolidar os laços familiares, esses comportamentos me assustavam e tinham a reprovação do meu pai. Em determinada ocasião eu presenciei um diálogo bizarro entre eles:

— Você sabe o que eu encontrei entre os presentinhos que eu ganhei na escola? — perguntou ela ao meu pai com um olhar atemorizado.

Ao que papai negou com a cabeça, mamãe prosseguiu nessa conversa alienada explicando que no meio das prendas que as crianças lhe deram havia um embrulhinho com teor suspeito:

— É pó de chifre de carneiro, Nelson — e concluiu em uma confabulação surreal. — Alguém está tentando me tirar do colégio.

Eu amava a minha mãe, mas ela passou a acreditar em espíritos, operações espirituais, Johrei... Eu me sentia muito insegura, ao mesmo tempo em que não compreendia como o mal havia chegado até nós, afinal, o acidente havia acontecido. "Onde estaria Deus nisso tudo?", questionava.

Passaram-se pouco mais de dois anos desde o acidente em 1983, quando mamãe deu início a vários tratamentos com especialistas por causa de fatores, supostamente, isolados. Quase toda semana, ela tinha consulta com o dentista para cuidar de aftas recorrentes que se espalhavam por toda a mucosa de sua boca. Concomitantemente, começaram a aparecer manchas roxas e coceiras alucinantes em seu corpo. Para tratar esses sintomas, ela procurava um e outro dermatologista. Na mesma época, mamãe começou a sofrer com crises de candidíase e as visitas ao ginecologista passaram a ser frequentes.

À medida que a saúde de minha mãe mostrava sinais de deterioração, cada vez mais ela se aprofundava na busca pelo sobrenatural. Acredito que ela estava à procura da cura para o seu corpo que desfalecia sem que ela tivesse conhecimento da causa daqueles sintomas. Papai, por outro lado, também já não era o mesmo e voltava-se para a bebida com certa regularidade.

Uma vez, mamãe convidou uma vizinha para fazer uma sessão de Johrei em nossa residência. Pelo que se supõe, essa prática da Igreja Messiânica pretende canalizar a luz divina – ou energia espiritual – através da imposição de mãos, a fim de purificar o espírito e proporcionar harmonia espiritual e material. Eu participava de todos esses experimentos religiosos. A vizinha, que passou a frequentar a nossa casa com assiduidade, dizia que eu estava carregada. Nesses encontros, ela bocejava muito mostrando cansaço o que significava que eu deveria ficar mais tempo sentada até tudo saísse de mim. "Tudo o quê?", eu pensava sem nada dizer.

Ao mesmo tempo que mamãe virou adepta do Johrei, ela participava da hóstia da Igreja Católica que as freiras entregavam pessoalmente em nossa casa. Quando havia algo de errado comigo, era na benzedeira do bairro que ela buscava ajuda. Logo, mais uma prática espiritual se juntaria a todas essas.

Certo dia, mamãe levou toda a família ao Centro Espírita Tupyara, no bairro do Engenho Novo, próximo ao Méier. Lá, ela se submeteu a operações espirituais que me causaram arrepios. Papai e Rodrigo sentaram-se a certa distância, enquanto eu e ela nos misturamos aos demais. Em dado momento, ela me colocou em uma fila a fim de receber passes espirituais das baianas que se remexiam de um lado para outro possessas de espíritos malignos. A voz de um homem que se autoproclamava pai Ogum se destacava na multidão enquanto, de posse de um ramalhete de arruda, ele batia na cabeça dos presentes, dando seguimento ao ritual de feitiçaria.

Foi uma experiência terrível e assustadora. Nesse momento, eu me lembrei do Jesus da amiga Soraia e comecei a clamar em voz baixa, mas autoritária: "O sangue de Jesus tem poder! O sangue de Jesus tem poder! O sangue de Jesus tem poder!" Fui colocada na fila várias vezes porque, segundo diziam, eu tinha algo diferente. Cada vez que eu entrava em uma nova fileira, eu clamava pelo sangue, até que, finalmente, falei com minha mãe que não queria mais passar por aquilo. Meu pai, muito consternado, virou-se para minha mãe e disse que ela nunca mais deveria levar-nos para um lugar como aquele.

Como em um ciclo vicioso, quanto mais a saúde de mamãe se degenerava, mais ela buscava conforto religioso e, quanto mais religiões ela buscava, mais sua saúde se deteriorava. Nada daquilo era capaz de proporcionar a cura que ela tanto ansiava.

Com o tempo, mamãe passou a realizar as chamadas "operações espirituais" também em casa. Mesmo quando viajávamos, ela carregava consigo o material necessário para realizar os rituais. Em uma viagem para a casa da vovó Glorinha em Minas Gerais, minha mãe se fechou no quarto para fazer a sua liturgia espiritual e me avisou que eu não deveria permitir a entrada de ninguém. Pouco depois, papai chegou em casa, depois de ter ingerido algumas cervejas e pingas no bar da esquina, e me perguntou por ela. Repeti tudo o que ela havia dito. Zangado, meu pai entrou quarto adentro chutando a porta. Ao acordar no dia seguinte, mamãe me explicou que o pai estava se sentindo muito mal com vômitos e diarreia. Na opinião dela, papai estava sendo punido pelos espíritos por causa da irreverência no dia anterior.

Foi por volta desse período que os espíritos malignos começaram a me atormentar. Eu sentia vultos passarem por mim e ouvia vozes estranhas que me importunavam. A princípio, não tinha coragem de falar com ninguém. Estava atemorizada demais e questionava minha própria sanidade: "Estaria ficando louca?" Eu não tinha mais paz.

Uma dessas experiências bizarras com as vozes aconteceu a partir de uma situação cotidiana. Eu me encontrava no quarto ouvindo música alta. Com 11 anos de idade, eu curtia as batidas rápidas do funk carioca. Encostei a porta e comecei a dançar. Eu pulava de um lado para outro e rebolava até o chão em uma tentativa tosca de imitar os passos das dançarinas de televisão. Foi, então, que eu tive um pequeno atrito com o meu irmão. Sabe essas coisas bobas, esses desentendimentos banais entre irmãos? Pois é... O Rodrigo quis entrar no quarto e eu o mandei sair. Ele insistiu, eu empurrei a porta e acabei machucando o dedo dele. Lógico que ele correu para a minha mãe aos berros. Muito brava, mamãe veio ao meu encontro com ameaças de me bater, ao que eu prontamente respondi:

— Você não vai conseguir me pegar porque você está doente.

Ela ficou chocada com o que eu falei e lágrimas escorreram imediatamente pelo seu rosto. Virando-se para mim, ela disse:

— Como você tem coragem de dizer isso, Ana Paula? Você não gosta de mim!

Sinceramente, eu sabia que mamãe estava doente, mas não tinha ideia da gravidade da situação. Para mim, sua reação exagerada me deixou perplexa. Depois disso, eu passei a ouvir uma voz repetidas vezes dentro da minha cabeça que dizia: "Você não gosta da sua mãe! Você não gosta da sua mãe!"

Durante semanas, fiquei com dificuldades para dormir e chorava muito por causa dessa voz que me torturava. Na tentativa de me consolar, mamãe falava aos meus ouvidos que sabia que eu a amava. Preocupada, ela repetia diversas vezes que aquilo tinha-lhe escapado sem querer porque estava muito nervosa. Claro que ela não tinha a intenção de me ferir, mas não teve jeito. Aquela voz – que não era a voz da minha mãe – não me abandonava. Mamãe me levou várias vezes na benzedeira na esperança de curar minha alma atormentada, mas essa voz me perseguiu durante muitos anos.

Minha meninice, antes tão pueril, tinha se transformado em um filme de terror. Quando eu digo que o acidente dividiu a minha infância em duas etapas distintas é porque houve uma transformação rápida, profunda e assustadora na minha vida a partir daquele dia. Aquela menina ingênua e protegida do mal passou a conhecer o sofrimento, a preocupação, a angústia e o medo. Até que eu conhecesse Jesus na intimidade do meu coração, os espíritos malignos me torturaram por muito tempo.

Com a passagem dos meses, a enfermidade de mamãe foi se agravando. Eu sabia que ela tinha adquirido hepatite C em decorrência da transfusão de sangue após o acidente, mas nunca me ocorreu o que estava por trás dessa doença. Me recordo das vezes que ela pesquisava nos livros e jornais por uma tal moléstia transmitida por sangue contaminado. Eu não sabia do que se tratava... (Anos depois é que viria a descobrir o mal que minou a saúde da minha mãe a partir do momento que ela recebeu sangue infectado na transfusão). Foi nessas leituras que ela se deparou com o caso do cantor e compositor Cazuza que, nesse tempo, negava ser portador do vírus HIV, mas que os jornais e revistas da época insinuavam que estivesse contaminado. Foi através do Cazuza que minha mãe descobriu a verdade aterrorizante de sua enfermidade.

A essa altura, na metade da década de 80, havia pouca informação pública confiável sobre a Síndrome da Imunodeficiência Adquirida (aids) e as poucas notícias eram alarmantes. Era tudo muito novo, confuso e assustador. No Brasil, o primeiro caso de contaminação aconteceu em 1980, mas só foi classificado em 1982. Havia um estigma de que a aids era uma doença de homossexuais, usuários de drogas e prostitutas. Ademais, muito do que se falava na imprensa estava ligado aos artistas com comportamentos promíscuos. Embora nada disso fizesse parte da realidade vivida por minha mãe, não havia informação alguma sobre o doador do sangue que ela recebera anos antes, em ocasião do acidente.

Mamãe foi colocada em isolamento em sua própria casa. Nós passamos a dormir com o papai, enquanto ela se mudou para o meu quarto. Todos os seus objetos e utensílios pessoais estavam separados. Eu, a sua menininha, estava proibida de usar os seus batons. Na verdade, eu mal podia me aproximar dela, muito menos beijá-la como antes.

Todas as economias da família foram investidas no tratamento. Papai mandava buscar um remédio do exterior em uma tentativa desesperada de prolongar a vida da minha mãe. Ele vivia sobressaltado e se entregava cada vez mais à bebida. Um clima de pavor e desânimo havia se instaurado em nosso lar. Mamãe estava visivelmente abatida e muito, muito magra. À noite, ela visitava sorrateiramente o nosso quarto. E chorava, chorava, chorava. Provavelmente, desejasse deitar-se ao nosso lado, nos abraçar e encher de beijos. Agora já não podia... Que terrível imaginar que os beijos de uma mãe pudessem ameaçar a vida de um filho. Talvez, ela imaginasse o que o futuro guardaria para nós. Como seria a nossa vida sem a presença dela?

Querido leitor, eu tive pais maravilhosos que cuidaram de quase todos os aspectos da minha vida. Não me faltavam: amor, estabilidade financeira, segurança, saúde física e psíquica, além de uma vida social invejável para qualquer criança. No entanto, me dói admitir que meus pais falharam no aspecto mais importante – a espiritualidade. A Bíblia Sagrada nos questiona com autoridade: "Pois, que adianta ao homem ganhar o mundo inteiro e perder a sua alma?" (Marcos 8:36). Pai e mãe, por favor, falem de Jesus para seus filhos. Tragam Jesus para dentro de suas casas. É óbvio que as crianças precisam de cuidado e amor, mas não se utilize desses artefatos imprescindíveis na vida delas como desculpas que impeçam a intimidade com Deus. Creiam quando eu falo que nada pode substituir o amor de Deus na vida de alguém. Eu só descobri essa verdade através do sofrimento.

Em certa ocasião, quando mamãe já mostrava sinais de debilidade, eu cheguei da escola e me deparei com uma das funcionárias de casa balançando um incensário de um lado para outro. O objeto exalava um odor enjoado que logo eu reconheci como o mesmo cheiro do Centro Tupyara. Eu já não aguentava mais e comecei a gritar enquanto caminhava para dentro de casa: "O que é isso? Mãe, o que está acontecendo? Como você está permitindo tudo isso aqui dentro?" Assustada com o meu estopim, a funcionária deu um basta na fumaça.

Com a aproximação do mês de julho e, consequentemente, das férias escolares, dei início aos preparativos para viajar mais uma vez para Minas Gerais. Sem condições para me acompanhar, mamãe sugeriu que uma tia me levasse às compras. Foi a primeira vez que isso aconteceu. Era mamãe quem sempre escolhia e comprava as roupas comigo. Nossa! Como eu fiquei triste... Mamãe amava me arrumar para as férias. Definitivamente, a minha vida tinha mudado. Comprei todos os tipos de roupas que desejei, mesmo sabendo que contrariava o gosto de minha mãe. Enchi minha mala com peças das grifes que faziam a cabeça da garotada nos anos 80 como Anonimato e Pier, mas, no fundo, eu sabia que essa "liberdade" tinha chegado às custas da enfermidade dela. Por um momento, eu me preocupava com aquelas mudanças e perguntava para mim mesma: "Será que minha mãe não está bem? O que está acontecendo? ". Mas logo esses pensamentos se dissipavam e eu voltava a me entreter com as coisas de criança.

Julho chegou e eu viajei muito feliz e eufórica para Eugenópolis. Quando voltei das férias, já no início de agosto, encontrei mamãe extremamente debilitada e papai em estado de alerta constante, muito nervoso e deprimido, entregando-se de uma vez por todas à bebida.

Poucos dias depois, no aniversário do meu pai, mamãe acordou com muita tosse, mas preferiu ficar conosco para celebrar a data a ir ao hospital. Passada a noite inteira, mamãe acordou ainda se sentindo mal. Era o dia 23 de agosto de 1986. Ela caminhou até o armário e posicionada em frente ao guarda-roupa, me mostrou a peça que usaria quando voltasse para casa. Assim que ela saiu pela porta, corri até a janela do seu quarto a tempo de avistar o táxi que a aguardava. Ela caminhava calmamente e, quando já se aproximava do automóvel, eu gritei seu nome do alto de nossa casa: "Manhêêêêêê". Ela ergueu o seu olhar para onde eu me encontrava. Eu acenei para ela. Ela sorriu e me acenou de volta. Foi a última vez que eu vi a minha mãe.

***

Acordei na manhã do dia 31 de agosto estranhando o movimento incomum dentro de casa. À toda hora e de todos os lugares, pessoas adentravam a porta e, logo, o apartamento estava cheio de parentes, amigos e colegas da família. Aticei o ouvido na tentativa de captar alguma conversa quando, inadvertidamente, alguém falou que o enterro aconteceria no Cemitério de Inhaúma.

Minha mãe morreu.

CAPÍTULO 4

LUTO

Ai de mim! Estou ferido! O meu ferimento é incurável! (…)
A minha tenda foi destruída; todas as cordas da minha tenda estão
arrebentadas.

(Jeremias 10:19-20)

Vazia... Nos primeiros dias que se sucederam ao enterro, eu me negava a acreditar na morte da minha mãe. Carente... estava confusa e desamparada. Oca... do vácuo em que fui lançada, gerou-se o desespero ao perceber que nunca mais a teria de volta. Mamãe se fora definitivamente. Luto.

Qualquer palavra que eu procure para descrever a tristeza que senti naqueles dias me parece insignificante demais diante da profundidade do meu luto. Eu não suportava a ausência dela. Ainda não tinha completado doze anos quando fiquei órfã de mãe. Nenhum outro ser humano jamais seria capaz de preencher o vazio que ela deixou na minha vida.

No auge da minha dor, eu peguei uma folha de papel e uma caneta e resolvi fazer uma carta para Deus. Fiz uma pequena ilustração do que eu acreditava ser a representatividade do Senhor que havia tirado a vida da minha mãe e escrevi com o coração em frangalhos:

"Deus, eu preciso de ti porque eu não tenho mais ninguém, a não ser o meu pai. Eu quero que o Senhor saiba que eu não estou triste com o Senhor. Por favor, não ache que eu estou triste com o Senhor, mas me ajude porque eu não sei como eu vou viver daqui para frente sem a minha mãe".

Mamãe fazia muita falta. Ela era o esteio da nossa família e a ela cabia manter a estrutura inabalável que nos tornava quem éramos. Sem saber o que fazer com o vazio causado por sua ausência, entramos em um processo de desmoronamento. Por mais que sentíssemos a necessidade de aprender a viver sem ela, nos parecia impossível assimilar essa lição.

Durante os primeiros meses de sua morte, eu chorei todos os dias. Eu não sabia fazer nada sem a minha mãe. Mesmo que nos últimos três anos, por causa da evolução da enfermidade, a rotina familiar já estivesse comprometida e adaptada, ainda era nela que nós nos apoiávamos para gerenciar a nossa casa. Eu depositava os meus anseios mais simples aos cuidados de mamãe. Era ela quem cortava os meus cabelos e comprava as minhas roupas. Ela cuidava da minha alimentação e fazia as listas de compras de mantimentos para a família. Eu não sabia nem fazer os deveres de casa enviados pela escola sem que ela estivesse ao meu lado para me orientar. Repentinamente, me vi em uma situação em que eu precisava amadurecer e assumir responsabilidades. E, eu nem sabia por onde começar.

Por sua vez, papai foi inteiramente tragado pela tragédia que se abateu sobre nós. O dissabor da partida de mamãe o consumiu a ponto de parecer haver desistido da própria vida. Em uma tentativa desesperada de fugir da realidade, ele se refugiou de uma vez por todas na bebida. O bar da esquina tornou-se parada obrigatória no fim do dia. Da janela, eu o observava voltar do trabalho, descer do ônibus e caminhar para o botequim, onde tomava, religiosamente, uma dose de pinga e uma garrafa de cerveja. Mas, nos fins de semana, ele se lançava descomunalmente aos prazeres do álcool e, cego pela angústia, batia a cabeça na parede gritando blasfêmias e exigindo uma resposta ao próprio Deus:

— Por que você tirou a vida da minha mulher? Por que você não me levou no lugar dela? Como é possível uma tragédia dessa acontecer com a Mary? Como, meu Deus, uma mulher que vivia para a família e que conheceu apenas um homem na vida pode morrer vítima de uma doença desgraçada como essa? Eu não entendo... Eu não quero viver assim.

Que tormento ver o meu pai naquele estado. Será que o meu pai iria morrer também? Eu pegava o Rodrigo pela mão e nos recolhíamos em um canto do quarto completamente aterrorizados. Para mim, a morte passou a ser uma ameaça constante. Eu tremia ao pensar na possibilidade de perder o meu pai: "Meu Deus, agora eu tenho um pai que não quer viver. O que vai ser de mim e do meu irmão? Eu não posso continuar a viver nesse lugar". Esperava o papai se acalmar e pegar no sono. Então, levantava pé ante pé e ia até o seu quarto conferir se ele ainda respirava.

Ah, se aquelas paredes pudessem falar... Ah, se elas pudessem expressar toda a dor que testemunharam naqueles dias de melancolia. Nosso apartamento se transformou em um ambiente triste e sombrio. Papai até esboçou algumas tentativas de nos fazer feliz, mas a vida real tornou-se amarga demais, pesada demais, cruel demais para ele suportar. Pouco a pouco, todas as pequenas alegrias foram substituídas por um estado constante de angústia.

Tudo o que, antes, era bom, agora, nos fazia sofrer pela ferida aberta causada pela morte. Não íamos mais a praia, não passeávamos para lugar algum. Até minhas aulinhas de balé foram canceladas. Naquele tempo, éramos proibidos de ser felizes porque tudo nos fazia lembrar da mamãe. Papai retirou todos os porta-retratos da casa, não permitia flores e nem música.

Estávamos todos traumatizados. Papai se negava a dirigir – ele passou quase dez anos de sua vida sem pegar em um carro – e eu tinha pavor de entrar em ônibus. Algumas vezes, cheguei a enfrentar o meu medo. Entrava em um ônibus qualquer ofegante de ansiedade, mas disposta a vencer a fobia. Porém, bastava o motorista pisar um pouco mais forte no acelerador, ou fazer uma curva um pouco mais acentuada ou, ainda, frear bruscamente em algum ponto do trajeto que eu saía quando a porta se abria para algum passageiro, mesmo não sendo meu ponto de chegada. Quando precisávamos nos deslocar, chamávamos um táxi.

Instintivamente, eu tentava substituir a minha mãe nos cuidados com o meu irmão, agora com sete anos. Eu queria protegê-lo e garantir que ele ficasse bem, mas estávamos todos sofrendo muito. Apavorada e percebendo que eu não tinha estrutura para suportar a vida que se desdobrava à minha frente, pedi ao papai que convidasse a dinda para morar definitivamente conosco. Tia Lourdinha, que já vinha nos ajudando desde a época da doença da mamãe, se mudou de uma vez por todas para a nossa casa e passou a ajudar meu pai a cuidar de nós. Marlene, por sua vez, voltou para Minas Gerais e eu nunca mais tive notícias dela.

De volta à escola, as freiras se aproximavam de mim, uma a uma, com olhares piedosos. Elas me abraçavam, choravam pela perda da minha mãe e diziam o quanto eu parecia com ela. O mesmo acontecia com os familiares e amigos que me encontravam. A compaixão das pessoas me incomodava. Não suportava mais os olhares benevolentes de "pobrezinha dessa criança sem mãe". "Até quando as pessoas vão ficar me apertando e falando da minha mãe? ". Pensava.

Sem saber lidar com tudo o que estava acontecendo, eu encontrei um escape nas cartas que passei a escrever para Deus. Todas tinham praticamente o mesmo teor: "Deus, minha vida acabou. Eu não fui criada para isso. Não é possível que isto esteja acontecendo de verdade. O que vai ser da minha vida e do meu irmão?"

Como se alimentassem do meu flagelo, os espíritos atormentadores passaram a me perseguir com mais furor. Sentia vultos e vozes cada vez mais presentes. Passei, inclusive, a ver coisas aterradoras. Em certa ocasião, um menino de olhar penetrante desenhado no quadro da sala de casa movia os seus olhos horripilantes em minha direção, acompanhando cada movimento que eu fazia. Como explicar o que não se explica? Tentei pedir ajuda para o meu pai e ele me encaminhou para uma psicóloga. Nada se resolveu. As pessoas achavam que eu estava tendo alucinações, mas eu tinha certeza de que tudo isso era real – assustadoramente real.

Quatro meses após a morte da mamãe, eu completei doze anos. Na ocasião, foi impossível fazer qualquer comemoração. Ainda vivíamos as primeiras fases do luto e não havia vontade e, muito menos, clima para festividades. O tempo passou... No ano seguinte, resolvi fazer uma festinha, junto com uma amiga, para celebrar o meu aniversário de 13 anos. Mamãe gostava desses eventos e eu senti saudade... Enquanto viva, mamãe cuidava pessoalmente de todos os detalhes das festinhas que ela promovia para os meus aniversários. Seria a primeira festa sem a presença dela.

Enquanto a mamãe esteve internada na última fase de sua vida, eu cheguei a ficar alguns dias na casa da vizinha da Igreja Messiânica e, outros, na casa da Patrícia. Depois que me mudei para a Rua Getúlio, a Patrícia havia se tornado a minha melhor amiga e a sua companhia me fazia bem. Assim como a Soraia, a Patrícia era evangélica. Ela frequentava a Igreja Presbiteriana e me levou algumas vezes para assistir aos cultos. Confesso que já nesse tempo o ambiente de louvor e leitura da Bíblia me fascinavam. Morávamos no mesmo prédio e compartilhávamos os mesmos interesses adolescentes. Falávamos sobre música, moda, escola, mas o nosso assunto preferido, claro, era a paixão pelo sexo oposto. Contei para ela sobre um tal menino de Eugenópolis por quem eu estava apaixonada. Eu o conhecia desde muito criancinha – éramos praticamente primos, dado o parentesco por casamento entre os nossos tios – mas nem nos meus sonhos mais pitorescos eu poderia imaginar que Deus havia colocado um selo entre nós.

Foi com a Patrícia que eu escolhi celebrar o meu aniversário. Coincidentemente, completávamos a mesma idade com poucos dias de intervalo. Improvisamos uma "balada" no *playground* de um prédio vizinho, onde morava uma prima dela. E, com o consentimento do meu pai, segui feliz com as meninas da vizinhança me permitindo, por um momento, usufruir um pouco da frugalidade juvenil. Me deixei embalar pelo ritmo contagiante da música, me esqueci dos problemas por um minuto e segui livremente os passos de dança do baile arranjado de última hora. De repente, com muita clareza, eu ouvi uma voz dentro da minha cabeça me incitando ao suicídio:

— Agora é a oportunidade. Se joga do *play* e morre.

Imediatamente, eu parei de dançar intrigada por aquela voz. Caminhei lentamente para um canto do *playground* onde não havia ninguém por perto.

Estava no segundo andar e seria muito simples acabar com a minha vida. Por que não? Que motivos eu poderia ter para viver sem a minha mãe e com um pai ausente e alcoólatra?

Mas, ao invés de aquiescer àquela voz (agora eu sei que era a voz do Diabo e que ele tem a missão de matar, roubar e destruir), eu sussurrei em espírito:

— Você é mau. Você não é bom mesmo... Você é mau e só quer me fazer o mal, mas eu vou conhecer quem te criou. Se você existe de verdade é porque alguém te criou. Eu vou acreditar em Deus porque ele quer o meu bem. Você pode ficar nesta festa falando em minha cabeça, mas eu não vou te obedecer. Eu vou viver.

Eu voltei para o meio das pessoas e continuei a usufruir a festa. Percebi, com certo alívio, que eu poderia resistir às investidas da voz maldosa mesmo que, naquela época, eu ainda não tivesse o conhecimento das armas espirituais que Deus nos entregou.

Na verdade, essa voz diabólica vinha me perseguindo com muita intensidade desde que mamãe começou a se envolver com espiritismo. Eu não sabia explicar, mas passei a ter experiências assustadoras com vozes e vultos com muita frequência e ninguém era capaz de me ajudar: nem rezas de benzedeiras, nem Johrei, nem psicologia. Depois da morte da mamãe, esses espíritos continuaram me afligindo, soprando sugestões perversas e fazendo prenúncios de desgraças e má sorte.

Em uma dessas vezes, aproximadamente dois meses antes da experiência no *playground*, eu participei em um desfile da escola em celebração ao Dia da Independência. De repente, no meio da parada de sete de setembro, a minha visão se escureceu e uma voz me disse que eu iria desmaiar. Fiquei apavorada! Entreguei a bandeira do Brasil que eu tinha em minhas mãos para uma das freiras e corri em direção ao prédio da escola. Nervosa e trêmula, eu não conseguia explicar para as pessoas o que, de fato, estava acontecendo. Quem iria acreditar em mim? Preocupadas, as freiras me acudiram, me sentaram em um banco escolar e ofereceram água com açúcar, enquanto eu apenas dizia que estava passando mal. Já nesse dia, quando me dei conta que não desmaiei, comecei a pensar o que poderia ser aquilo que queria controlar a minha vida.

Com o passar do tempo, a dor da morte da minha mãe cedeu lugar à saudade. Ainda assim, o impacto deixado por sua ausência transformou cabalmente as nossas relações familiares. Meu pai, que passou a viver em um processo irreversível de autodestruição, nunca se recuperou. Junto com o pacote do alcoolismo, apareceram as namoradas interesseiras que emprestavam seus colos e ouvidos em troca de um punhado de dinheiro e um copo de pinga. Entretanto, mulher nenhuma jamais ocupou o espaço deixado por minha mãe no coração de papai.

Todas essas dificuldades, me fizeram desejar ir embora definitivamente para Minas Gerais. Talvez, eu tivesse alguma chance de ser feliz em Eugenópolis. Eu tinha entre 13 e 14 anos quando pedi ao meu pai permissão para morar com minha avó. A vida no Rio estava insuportável. Eu já não aguentava mais temer pela vida do meu pai sempre que ele entrava bêbado em casa. Com certo pesar, papai permitiu a mudança, prometendo que logo que pudesse iria se juntar ao meu irmão e eu. Tia Lourdinha continuou cuidando do papai no Méier, eu fui morar com a vó Glorinha – mãe da minha mãe – e o Rodrigo com a vó Maria – mãe do meu pai.

As casas das duas avós estavam situadas a pouca distância uma da outra, o que permitia que eu e meu irmão nos mantivéssemos em contato constante. Sentíamos saudade do papai e ele de nós. Todo fim de semana, ele vinha nos visitar até que, em 1991, com a chegada da aposentadoria, ele decidiu se juntar a nós. Com o montante recebido pelo pecúlio, ele comprou três apartamentos em Muriaé, pequena cidade na mesma região mineira onde nos encontrávamos, distante menos de 30 km de Eugenópolis. Nos mudamos para um dos apartamentos e fomos morar juntos novamente; a dinda, inclusive.

Os primeiros anos na casa da vó, antes da mudança do papai para Muriaé, foram maravilhosos. O vô Geraldo e a vó Glorinha me receberam com amor e, durante um tempo, tiveram paciência para aguentar a minha fase adolescente com muitas festas e namoricos insignificantes. Eu gostava da atmosfera do casarão. Tinha tantas boas recordações daquele lugar... me sentia segura e me permiti um pouco de felicidade longe das bebedeiras do papai. Até mesmo os vultos e vozes desapareceram. Pela primeira vez depois de tanto tempo, eu tive a esperança de que eu poderia sobreviver com dignidade a tudo o que tinha acontecido e, quem sabe, voltar a ter uma vida normal.

Contudo a fase boa não durou muito. Eu questionava a autoridade dos meus avós à medida que mergulhava nos anos rebeldes da adolescência. Respondona, muitas vezes fui chamada de atrevida pelos familiares por me negar a prestar contas de onde e com quem eu andava e do que fazia por aí. Passei a beber com frequência e tentei fumar algumas vezes, repetindo o comportamento destrutivo que eu tanto abominava no meu pai. O cigarro não me enlaçou, mas o álcool...

Felizmente, resisti às drogas, mas me arremessei nos braços dos meninos loucamente à procura de um amor que pudesse preencher a lacuna que só aumentava na minha vida. Foram muitas decepções amorosas que só aumentaram as escaras da minha dor emocional.

Tentava encontrar o meu lugar no mundo, com a autoestima aos frangalhos, frustrada por minhas experiências românticas malsucedidas. Me enxergava desengonçada e incapaz de merecer o amor de alguém. Nesse momento de grande angústia e solidão, as vozes voltaram a me torturar: "Deus não te ama. Você nunca vai conseguir casar e ter filho e nem sequer estudar. A melhor coisa que você pode fazer é destruir a sua vida".

Como uma flecha certeira, essas palavras atingiram o meu coração e me deixaram muito abalada. Eu duvidava de mim mesma. Eu não tinha estrutura, não tinha capacidade, não tinha quem me desse uma mão. Acreditei que não poderia construir uma família e jamais teria uma carreira profissional. Desta feita, eu já tinha 16 anos quando, carente de amor próprio, decidi procurar ajuda na psicoterapia como o único recurso que eu conhecia capaz de me retirar do fundo do poço. Sozinha, eu não teria condições de revidar aqueles ataques que brotavam de dentro de mim.

A princípio, obtive resultados muito positivos. O terapeuta lia os evangelhos e me dizia palavras de confiança que aumentavam meus mecanismos de defesa psíquica: "Ninguém pode te anular, Ana Paula". Ninguém tem o poder de passar por cima de você. Lentamente, eu fui me acalmando.

Com o tempo, aquelas sessões foram ficando insípidas e eu passei a diminuir os ritmos das visitas para apenas um ou dois dias por semana (cheguei a frequentar quatro dias por semana no período mais conturbado), até que eu parei por completo. Saí dali um pouco melhor, mas sem a solução que eu procurava.

A essa altura, papai já estava em Muriaé e nós fomos morar com ele. Eu nutria uma boa expectativa de novamente ter a família reunida, mas logo percebi que não havia a mínima chance da vida voltar ao normal. Papai mandou pintar o apartamento nos mesmos tons de cinza do escritório da Petroquisa e, assim como na nossa residência do Rio, ele proibiu qualquer decoração que pudesse nos remeter de longe à memória da mamãe.

Se o ambiente apático do apartamento já não fosse suficiente, uma vez aposentado, papai passou a beber todos os dias, em qualquer horário que lhe apetecesse. Para ser justa, apenas na primeira parte da manhã, logo ao acordar, eu sentia o meu velho pai de volta. Carinhoso, ele nos dizia palavras de amor e nos acompanhava no café da manhã. Mas, logo que ele saía de casa, se transformava novamente no homem desolado, sem razão para viver, presa fácil do alcoolismo.

Completamente desencantado, ele se deixou deteriorar física e moralmente. O dinheiro já não tinha valor algum e ele o desperdiçava com trivialidades. Para minha preocupação, ele venceu o trauma de dirigir e comprou um carro novo. Bêbado, papai saía pela cidade ziguezagueando sem pudor, derrubando placas e cones de trânsito. Geralmente, ao chegar de volta ao condomínio à noitinha, ele adentrava os portões freando bruscamente, chamando a atenção de todos à sua volta. Entrava prédio adentro batendo todas as portas sem a mínima consideração com os demais moradores. Ao entrar no apartamento, recomeçava a ladainha de insultos e autocomiserações. Tantos anos depois, ele ainda chorava pela mamãe todos os dias.

Cada vez mais afastado do nosso dia a dia, ausente das nossas atividades e compromissos, ele não sabia o que se passava conosco e dava ouvidos a boatos e comentários maldosos. Quantas vezes ele me ofendeu com nomes que eu jamais pensei ouvir sair da boca do meu pai: "Você é uma prostituta, Ana Paula. Eu te arrebento se souber que você está fazendo alguma coisa errada". Ele nunca foi violento, mas as agressões verbais me feriam mais do que qualquer bofetada. Algumas vezes, eu ligava para a vó Glorinha pedindo ajuda. Outras, ao perceber que ele se aproximava, eu me agarrava com o Rodrigo e fingíamos dormir até que o papai se rendesse ao cansaço e pegasse no sono.

Esses ataques de fúria do papai tiveram uma grande repercussão não apenas sobre mim, mas também, sobre a vida do Rodrigo. Certa vez, ele tinha 11 anos quando pediu para mudar de escola. A vida "perfeitinha" dos colegas era como um tapa no rosto do meu irmão diante da realidade da nossa família tão desestruturada. Ele trocou a escola localizada detrás do nosso apartamento por outra, a meia hora de distância, na ilusão de encontrar outras crianças tão desequilibradas quanto nós que ele pudesse se identificar. Quem sabe, entre os meninos mais humildes, ele pudesse encontrar alguém tão desafortunado como ele?

Certa vez, recebi uma ligação do colégio do meu irmão. Corri desesperada porque o Rodrigo havia desmaiado (eu já pensava que ele iria morrer...). Levei-o ao médico que diagnosticou uma disritmia cerebral leve. Soube mais tarde que ele havia tido uma grave discussão com o papai pela manhã antes de ir para a escola, o que desencadeou o mal-estar.

Cada um de nós desenvolveu um mecanismo de escape da realidade. De um lado, eu levava a minha vida de namoricos e farras. Do outro, meu pai se enveredava por um caminho sem volta ao alcoolismo e degradação moral. Meu irmão, ainda muito novo para essas fugas, crescia no meio daquilo tudo perseguido por suas próprias inseguranças.

Fiquei um ano morando com meu pai até que me mudei para Viçosa com a perspectiva de me livrar daquela vida atormentada. Com a desculpa de me preparar para prestar vestibular, me inscrevi em um cursinho. Fiz vestibular duas vezes mas, sem o compromisso com os estudos, não passei em nenhuma delas. O quadro da minha vida se desenhava exatamente como a previsão maquiavélica das vozes que me perseguiam e eu temia nunca realizar os meus sonhos.

O medo irracional da morte me levou a um quadro compulsivo de hipocondria. Com o psiquismo abalado, doenças reais e sem causas aparentes eclodiam e desvaneciam sem explicação. Primeiro, foi uma persistente alergia de pele. Em seguida, uma infecção de garganta que, tratada erroneamente com antibióticos automedicados, desencadeou a destruição da minha flora intestinal e me levou à cinco dias de internação. Em outra ocasião, sem causa aparente ou qualquer sintoma de enfermidade, tive febre alta – o termômetro chegou a marcar 39ºC – aumentando meu nível de ansiedade e desespero. Que época horrível! No meu íntimo eu acreditava que, incapaz de me convencer a tirar a própria vida, a voz me incitava à autodestruição através de processos mentais. Quanto mais eu mergulhava na depressão, mais eu me rendia aos prazeres boêmios na utopia de esquecer o que se passava na minha vida.

Certa manhã, em uma dessas tentativas de fugir da realidade, fui a uma festa e passei o dia inteiro bebendo. À tardinha, caminhei para a casa de uma tia com a intenção de trocar de roupa e seguir para uma segunda festa com mais bebedeiras. Quando cheguei no quarto, senti uma exaustão inexplicável e me joguei na cama completamente fora de mim. Estava em uma situação deplorável, desmaiada e absorta pela bebida. Durante a madrugada, eu acordei com uma opressão tão grande no peito que parecia que as minhas costelas iriam explodir. Entrei em crise emocional, autoconsciente do meu estado lastimável. Me sentia tão atordoada que nem sabia onde eu estava, onde estavam as minhas roupas, o que eu estava fazendo ali. Então, eu me entreguei a Deus em uma súplica desesperada pedindo perdão e implorando por uma oportunidade de mudar de vida de uma vez por todas. Eu precisava dar um basta. Olhei para o meu estado e me envergonhei do que vi. Eu não fui criada para ser assim. Nesse momento, eu senti a presença de Deus tão forte como se ele estivesse fisicamente ao meu lado. Foi como se ele mesmo tivesse me acordado e se movesse dentro de mim.

Essa experiência foi um mover de águas na minha vida, mas ainda não foi a transformação definitiva que eu precisava. Eu já não tinha mãe e nem pai que cuidasse de mim, mas Deus nunca me abandonou. Eu nem o conhecia e ele ocupava-se de mim. Um dia, ele proporcionaria as condições para que eu o conhecesse em espírito e em verdade. Mas, esse tempo ainda não havia chegado.

Decidi que era hora de mudar de vida e me comprometer com os estudos, se eu quisesse a minha independência. Meu objetivo era vencer aquela voz enganosa e provar para mim mesma que, com o meu esforço, eu poderia conquistar tudo o que quisesse. Como sentia dificuldades em me concentrar, passei a recorrer ao Jesus da Soraia – ele ainda não era o "meu" Jesus – para me ajudar. Escrevia versos para Deus nas apostilas dos cursinhos dizendo: "Jesus está aqui. Jesus está passando aqui. O sangue de Jesus está comigo".

Eu tinha 19 anos quando consegui passar em dois vestibulares para o curso de Nutrição: Na Universidade Federal de Ouro Preto e na Universidade Federal de Viçosa, ambas no estado de Minas Gerais. Escolhi continuar morando em Viçosa, muito feliz e muito orgulhosa por ter sido aceita – por mérito próprio – em duas das universidades mais concorridas do país. Passar no vestibular foi a primeira vitória que eu obtive depois de tanta tragédia na minha vida. Eu ansiava por dias melhores e, secretamente, desejava que a alegria que eu estava proporcionando ao meu pai pudesse salvá-lo do vício.

CAPÍTULO 5

DELIRIUM TREMENS

Naquele tempo vocês viviam em libertinagem, na sensualidade, nas bebedeiras, orgias e farras, e na idolatria repugnante.

(1 Pedro 4:3)

Foi nos idos de 1992 que me deparei casualmente com a Dora de passagem por Minas. Velha amiga da família, ela me conhecia desde que eu era um bebê na barriga da mamãe quando ambas ainda moravam em Eugenópolis. Grávida do Victor, a Dora foi aluna da minha mãe nos anos 70, mesma época em que a mamãe estava grávida de mim. Naquele tempo, elas jamais poderiam imaginar o que o futuro reservava para os frutos de seus ventres. Acredito que, assim como minha sogra, a mamãe ficaria muito orgulhosa da família que o Victor e eu construímos. Entretanto, até chegar a essa condição, muitos acontecimentos marcaram a nossa caminhada e forjaram nosso caráter como casal.

Tive uma conversa longa com a Dora quando a encontrei de férias em Eugenópolis. Os quatro filhos haviam ficado nos Estados Unidos por conta dos compromissos de trabalho e escola. Foi um encontro marcante embalado pela melancolia da ausência e a alegria de boas recordações. Confabulamos sobre nossas dores e decepções com a vida. Relembramos da mamãe que já havia falecido há seis anos.

A Dora me contou algumas histórias da juventude dos meus pais que eu me deleitei em ouvir. Ela também falou sobre a vida na América e como estavam os seus filhos – meus amigos de infância. Me senti honestamente acolhida pela amizade sincera daquela conhecida de longa data e abri o meu coração. Lamentei profundamente a falta que a mamãe fazia, o alcoolismo do meu pai, as decepções com os romances triviais e a preocupação com o futuro do meu irmão.

Antes de ir embora, a Dora me pediu que nos reencontrássemos a tempo de seu retorno aos Estados Unidos. Ela gostaria que eu e alguns outros amigos gravássemos um vídeo para o André e Victor, seus filhos mais velhos. Para isso, marcaríamos um churrasco e teríamos a oportunidade de nos rever antes da viagem. Dias depois, o encontro aconteceu banhado a muita cerveja e picanha.

Quando eu tinha doze anos, eu havia me apaixonado pelo Victor. Aquele menino magrelo de cabelos lisos e pretos e com os olhos verdes como folha seca me tirava do sério. Ele mantinha a franja caída sobre os olhos e me fazia suspirar quando me chamava pelo nome com sua voz aveludada e sorriso encantador.

Seis anos depois, minha paixão desenfreada havia adormecido e cedido lugar a uma amizade duradoura. Além da afeição entre nossas mães, nossas famílias estavam unidas pelo casamento do tio Marcos, irmão da minha mãe, e tia Ana, irmã da Dora. Durante os anos da adolescência, o Victor e eu nos reencontramos esporadicamente nos eventos sociais da família e nas festas que aconteciam na região. Nessas ocasiões, trocávamos beijinhos e abraços, numa relação fugaz e sem compromisso própria da juventude, até que, em 1989, o Victor se mudou definitivamente para os Estados Unidos com a família. Depois disso, ainda nos vimos algumas vezes quando ele visitava o Brasil de férias, mas foram nos primeiros anos da década de 90 que começamos a traçar o nosso destino juntos.

Após beber durante toda a tarde na companhia da Dora, fui para a casa da vó Glorinha e me sentei em uma cama pronta para escrever a carta para o Victor. Munida de caneta e papel, comecei a contar-lhe sobre o que havia acontecido na minha vida durante os anos de nosso distanciamento. Inesperadamente, ouvi uma voz em minha mente que dizia. "Você vai se casar com ele. Ele é o seu marido".

Aquela voz... era a mesma voz que havia falado comigo no dia do acidente. Era a voz que me consolava e cuidava de mim. Era a mesma voz que havia me impulsionado a mudar de vida na outra ocasião de bebedeira. Como em um passe de mágica, o estado de embriaguez em que me encontrava deu lugar a uma profunda agitação no meu interior. Eu comecei a chorar tocada por aquele pensamento. Me olhei no espelho e, como se os meus olhos tivessem sido desvendados abruptamente, percebi o meu estado de vergonha e pecado, constrangida pela roupa indecente que eu vestia e pela vida sem Deus que estava trilhando.

Escrevi a carta para o Victor como uma velha amiga e não mencionei nada sobre o que Deus havia me falado. Durante todo o ano de 1992 e 1993 trocamos correspondências diligentemente, o que reascendeu a velha paixão.

Eu já havia completado 18 anos quando o Victor viajou de férias para o Brasil no fim de 1993. Depois de tantas cartas, eu me sentia ansiosa por encontrá-lo, mas, nessa época, já morava em Viçosa e estava completamente mergulhada nos estudos. Minha determinação em alcançar o meu objetivo de passar no vestibular era tanta que aguardei o término das provas antes de voltar para Eugenópolis. Conversava com o Victor quase todos os dias pelo telefone, mas somente depois de um mês é que consegui encontrá-lo pessoalmente.

Tão logo acabaram as provas do vestibular, eu fui para Eugenópolis me encontrar com o Victor. Eu me sentia inquieta e nutria uma expectativa incomum do que poderia evoluir daquela relação romântica fomentada a distância. Estava dividida entre o que eu sentia por ele e os sinais ambíguos que ele me transmitia. Apesar de não tê-lo visto desde sua chegada ao Brasil, eu sabia – porque ele mesmo me contava – que ele havia ficado com uma ou outra menina da cidade, enquanto eu me dedicava com afinco aos estudos em Viçosa. Já tão ferida por relacionamentos anteriores, eu temia o que poderia resultar dessa nova aventura, mas me lembrava da voz que soava forte ao meu coração. "Esse é o seu marido". Eu repetia essa frase para mim mesma mil vezes tentando me convencer de que valeria a pena investir nessa relação, mas confesso que estava vacilante.

Eu estava na casa da vó Glorinha quando notei o Victor se aproximando. Ele estava vindo de uma cachoeira e, antes mesmo que chegasse, eu caminhei em sua direção. Nos encontramos na metade do caminho. Ele parecia feliz por estarmos juntos após tanto tempo. Enrosquei os meus braços em seu pescoço e nos perdemos em um abraço demorado e saudoso. Naquele instante, nada mais importava e parecia que o tempo havia parado para nós. Por um momento, eu me esqueci das minhas dúvidas. Definitivamente, eu estava apaixonada por esse rapaz, apesar de todo o medo que eu tinha de me entregar ao amor...

Continuamos juntos usufruindo a companhia um do outro naquela tarde. Em pouco tempo, eu percebi que havia algo estranho no comportamento do Victor. Ele falava muito lentamente, demorava a reagir às nossas interlocuções e tinha os olhos levemente vermelhos. Perguntei se ele havia fumado alguma erva e ele me confessou, sem hesitação, que não apenas havia fumado maconha, mas também estava sob efeito do álcool.

Fixei os meus olhos nele por um segundo e, mentalmente, fiz uma lista de todos os meus problemas. Eu admirei sua honestidade e senti compaixão pelo estado em que ele se encontrava, mas titubeei. Será que eu teria condições de devotar parte da minha vida a esse relacionamento problemático? Antes mesmo que eu pudesse concluir o meu pensamento, o Victor me pegou pela mão, me olhou de alto a baixo com admiração e, tocando suavemente em meu rosto, me beijou como se eu fosse a única mulher na face da terra. Meu coração o amou.

Era dezembro de 1992 quando nós começamos a namorar oficialmente. Peguei o resultado do vestibular e o Victor comemorou muito minha entrada na universidade. Estávamos genuinamente felizes, desfrutando o pouco tempo que ainda tínhamos um para o outro. As aulas só teriam início em abril de 1993 e eu poderia aproveitar cada momento das férias ao seu lado até fevereiro, quando ele planejava voltar para os Estados Unidos. Estávamos sempre juntos vivendo a famosa máxima *carpe diem* ao pé da letra, aproveitando o presente como se não houvesse amanhã.

Nesse ínterim, soubemos que a Dora havia se convertido a Jesus nos Estados Unidos. Munida de uma fé resoluta e inundada pela fase inebriante do primeiro amor cristão, ela planejava reconstruir a vida se casando com um rapaz "crente" que ela havia conhecido em Boston. O Victor me explicou que ela estava fanática e falava o tempo todo da Bíblia. Não dava para acreditar que a Dora havia se tornado uma "crente bitolada". Além do preconceito, o Victor tinha ainda outro motivo para se contrapor à nova fé abraçada por sua mãe.

Certo dia, nós fomos a um churrasco quando um amigo em comum se aproximou para conversar. Percebi que ele começou a falar com o Victor sobre a morte prematura de um outro amigo nosso e, de repente, eles se levantaram de onde estavam e saíram para ficarem a sós no quintal. Como eles demoraram muito para voltar, saí a procura do Victor. Algum tempo depois, encontrei-o sozinho e desfalecido em um canto do quintal da casa. Corri para acudi-lo sem entender o que estava acontecendo.

— O que houve, Victor? Por que você sumiu?

Eu estava preocupada e não entendi o que se passava com ele.

— O espírito do nosso amigo morto se apoderou de mim, disse. Ele me explicou, ainda, que quando se fala de um morto, o espírito dessa pessoa se aproxima dos vivos para uma experiência mediúnica.

— Como assim? Me explica isso, eu perguntei atordoada. Eu queria saber de tudo mas, ao mesmo tempo, não acreditava no que eu estava ouvindo. Não poderia ser... isso tudo de novo na minha vida? Pensava.

— Eu sou espírita, Ana Paula. Eu frequento um Centro lá em Boston. Quando eu bebo, os espíritos me possuem.

Imediatamente, eu me recordei de todas as experiências religiosas que tinha passado com a minha mãe. Tentando disfarçar o meu desapontamento, eu disse apenas que não sabia que ele tinha envolvimento com o espiritismo.

— Mas, por que você está assim? Eu insisti.

— Porque eles me usaram, Ana.

Com muito esforço e assustada por estar revivendo lembranças que eu preferia esquecer, eu peguei o Victor pelo braço, encostei-o em meu ombro, e, arrastando-o, levei-o até a casa da minha avó que morava bem próximo dali.

Eu estava muito frustrada com o que tinha acabado de presenciar. "Como esse relacionamento poderia dar certo?" Pensava. "Ele bebe, usa drogas e, ainda por cima, é espírita". Nem mesmo nos mais hediondos rituais que eu tinha participado com minha mãe, jamais tinha visto alguém ter suas forças sugadas por espíritos de mortos.

— Quem te usou, Victor? Continuei a conversa.

— As entidades, ele disse, encerrando o assunto.

Até a sua partida de volta aos Estados Unidos, eu testemunhei o Victor passar por outra experiência mediúnica. Por mais que eu quisesse acreditar na promessa de que algum dia ele seria o meu marido, aquelas experiências espirituais me remetiam aos momentos sombrios da minha infância com minha mãe e eu tinha dúvidas se estava pronta para viver tudo aquilo novamente. Por outro lado, o meu amor por ele aumentava a cada dia e eu não queria abrir mão desses pequenos lampejos de felicidade que voltavam a florescer na minha vida.

Com a chegada do mês de fevereiro em 1994, o Victor voltou para a América deixando uma grande lacuna na minha vida. Fiquei desolada com sua partida e sofri muito de saudade e paixão. Chorei todos os dias durante uma semana inteira.

Continuamos a nos corresponder e falávamos ao telefone o quanto podíamos, mas o que eu queria mesmo era tê-lo para sempre perto de mim. Finalmente, as aulas da faculdade começaram em abril e eu mergulhei em um ritmo frenético de estudos. Quanto mais eu me empenhava nas leituras e trabalhos escolares, menos tempo eu tinha para sofrer de amor.

Me lancei de corpo e alma no curso de Nutrição. Fiquei completamente envolvida pela universidade e determinada a alcançar os objetivos profissionais que eu havia traçado. Ocupava os meus dias de manhã à noite para não dar vazão à nostalgia que sentia pela ausência do Victor e nem pensar nos problemas com o meu pai que oscilava constantemente entre fases de abstinência e embriaguez.

Durante todo o ano de 1994, eu me mantive fiel a um namoro a distância. Esperava com ansiedade as cartas dos Estados Unidos que alimentavam o meu amor. Não tinha desejo de me envolver com mais ninguém. Meu coração tinha dono. Em contrapartida, o Victor não tinha a menor intenção de manter uma relação monogâmica. Ele não via futuro para nós, já que não poderia viajar ao Brasil com frequência e nem eu aos Estados Unidos. Apesar de saber dos meus sentimentos por ele e de retribuí-los à medida do possível, ele me contava em detalhes todas as vezes que se relacionava com outras mulheres. Nossa! Como essas confissões me machucavam! Depois dessas cartas, eu ficava com muitas dúvidas, mas o meu amor por ele não se apequenava e eu buscava forças na promessa que um dia ele seria o meu marido.

O primeiro semestre da faculdade foi vivido intensamente. Decidida a dar o melhor de mim, investi todo o meu talento e concentração no aprendizado do que seria a minha futura profissão. Entendia claramente a oportunidade que eu tinha de mudar de vida a partir daquele curso. Logo no início procurei professores específicos da área, colocando-me à disposição para estágios e trabalhos científicos extra-curriculares. Os dias e noites que passei debruçada sobre livros foram logo recompensados por conquistas importantes. Já no segundo ano do curso, eu consegui obter uma bolsa de pesquisa para graduação do Programa Especial de Treinamento (PET), então sob o acompanha-mento e avaliação da Coordenação de Aperfeiçoamento de Pessoal de Nível Superior (Capes). Eu havia me encontrado! Esse era o meu lugar no mundo! Na Universidade, eu me sentia valorizada e percebia que os meus esforços e conquistas despertavam a admiração de colegas e professores.

Se por um lado minha vida acadêmica se deslanchava com su-cesso, por outro, as más notícias de Muriaé continuavam chegando como fontes de preocupação.

Eu morava em uma república de estudantes em Viçosa e dividia o apartamento com outras duas colegas. Certa vez, atendi um telefo-nema do meu irmão que me chamou às pressas para Muriaé. O papai havia tido uma crise epilética e estava internado na Casa de Saúde da cidade. Peguei o primeiro ônibus disponível e, muito preocupada e temendo pela vida do meu pai, segui para o hospital. Papai nunca havia tido nenhum problema de saúde e aquela "novidade" me deixou apreensiva.

Cheguei a tempo de encontrar o meu pai amarrado à cama da clínica, muito agitado e sem falar nada que fizesse sentido algum. Ao topar com o neurologista que o atendeu, tive conhecimento de que o meu pai havia passado por uma síndrome chamada *delirium tremens*, provocada pela abstinência alcoólica. O médico disse que, devido à dependência do álcool, o papai entrou em estado psicótico desencadeado pela abrupta interrupção do consumo. Ele estava tentando se livrar do vício, o que era um bom sinal, mas o seu quadro era deplorável: desorientado, paranoico, delirante, agressivo e trêmulo. Como o papai se deixou chegar a esse ponto? Como o meu pai mudou com o passar dos anos...

Retirei-me do quarto e sentei-me em um sofá na antessala próxima de onde o meu pai se encontrava. Estava profundamente triste por observar o seu estado degradante. Nesse momento, notei que um senhor desconhecido entrou no quarto do meu pai e saiu minutos depois. Nossos olhares se encontraram rapidamente quando ele passou pela porta.

— Você conhece esse homem? Ele me perguntou referindo-se ao papai.

Aquiesci com a cabeça afirmando que, sim, ele era o meu pai. Então, com seriedade ele me disse:

— Minha filha, quando eu orei por ele, o seu pai rosnou para mim. Você está ouvindo como ele está urrando?

Eu me aproximei do quarto e ouvi os grunhidos do meu pai. Então, o homem me explicou que papai estava possesso por demônios e que eu deveria procurar ajuda em uma igreja.

— O seu pai precisa de libertação e só Jesus pode ajudá-lo.

Segui a orientação do desconhecido e fui buscar ajuda na Igreja Católica, a única que eu conhecia. A Paróquia Nossa Senhora Aparecida no Centro de Muriaé possuía um altar dedicado às almas. Me aproximei calmamente e ali depositei a minha fé e todas as esperanças de um dia ter o meu pai curado e liberto. Acendi velas pela vida do meu pai e rezei piamente, implorando que Maria lhe ajudasse a se livrar do alcoolismo. Grudei os olhos na imagem procurando por qualquer indício de que ela estivesse me escutando, mas Maria nunca me falou nada e nunca se moveu do nicho de santo onde se encontrava.

Depois de alguns dias, meu pai teve alta hospital e voltou para casa. Eu, por minha vez, retornei para Viçosa. Estava angustiada com a lembrança do meu pai amarrado à cama do hospital e comentei com uma colega sobre o que havia acontecido. Solidária, ela me confessou que o pai dela também era alcoólatra e que ela buscava conforto e ajuda no espiritismo. Ela me convidou para acompanhá-la a uma reunião do Centro Espírita Allan Kardec em Viçosa. Mas, bastava falar em espiritismo que, de imediato, eu pensava nos lugares nada agradáveis que frequentei na infância com a mamãe. Porém, como minha amiga estava sendo tão gentil, eu me deixei ser conduzida para a reunião.

Entrei na pequena sala, sentei-me na cadeira branca de plástico e olhei as paredes em volta. Era tudo muito simples com quase nenhuma decoração. Havia um pequeno palanque na frente do salão de onde uma pessoa liderava a leitura do Evangelho. Eu gostava da Bíblia e me senti acolhida naquele ambiente. Aos poucos, fui relaxando e me permiti usufruir a atmosfera pacífica do lugar.

Ao fim da meditação, fomos levadas para uma sala anexa para receber o passe individual. O ritual consistia em imposição de mãos do passista sobre a pessoa que buscava a graça do além. Por um momento, eu temi entrar naquela sala achando que me depararia com algo parecido com o presenciei no Centro Tupyara, mas foi tudo muito tranquilo. Entrei, fechei a cortina, recebi o passe e bebi da água que, teoricamente, conteria boas energias para o meu equilíbrio físico e espiritual.

Confesso que não senti nenhuma reação imediata e que tudo parecia normal e até bom. Entretanto, depois dessa reunião, a minha sensibilidade espiritual foi alterada, bem como a minha relação com as bebidas alcoólicas. Desde então, cada vez que eu ingeria álcool o meu corpo enfraquecia rapidamente e abria-se um portal dentro de mim, me permitindo ter visões horripilantes de pessoas com rostos deformados. Passei a ter medo de beber e ficar sozinha, mas, nem mesmo assim, deixei de ingerir bebidas alcoólicas com regularidade.

Pouco tempo após essa reunião no centro espírita, eu ofereci uma festa com os amigos da faculdade no apartamento em que morávamos. Embalados por músicas de bandas famosas e prazeres carnais, nossos convidados consumiam muitas drogas, que eu dispensava, mas me esbaldava no álcool. De repente, uma música de uma célebre banda de rock inglesa conhecida por suas canções progressivas e psicodélicas tomou conta do ambiente. A cada batida do relógio da longa introdução da canção, eu sentia vultos terríveis se aproximarem. Centenas deles entraram no pequeno apartamento ocupando espaços invisíveis na sala em que eu me encontrava. Corri para o meu quarto antes que alguém percebesse o meu terror. Tranquei a porta e rezei freneticamente para que tudo aquilo passasse.

Em outra ocasião, fui a uma exposição agropecuária em Viçosa. Esse tipo de evento é muito comum na região rural da Zona da Mata mineira e reúne muitos jovens atraídos por shows de bandas famosas. Eu passeava entre as barracas da feirinha *hippie* do local quando parei diante de uma delas. Passei a observar um rapaz que fazia gnomos a partir de resina epóxi, aquela massinha muito utilizada na construção civil para soldas e reparos. Ao notar o meu interesse, o vendedor me presenteou com um boneco que ele chamou de Yuri. Ele me explicou que eu deveria acender incensos para o gnomo com o intuito que ele me protegesse. Voltei para a casa muito tranquila, coloquei o bonequinho próximo à imagem do menino Jesus que eu mantinha na minha penteadeira e acendi o incenso. De repente, arrepios percorreram o meu corpo e eu senti vários vultos entrando no meu quarto. Apaguei o incenso rapidamente, me escondi debaixo dos lençóis como que para me ocultar do sobrenatural. Desse dia em diante, passei a ter medo do gnomo e sua conexão com os espíritos.

Essas experiências terríveis me faziam sentir cada vez mais isolada e solitária. Impossibilitada de encontrar lógica nas experiências sobrenaturais que eu vivenciava, eu guardava tudo secretamente no meu coração a fim de evitar fazer papel de louca perante os amigos.

De outra feita, recebi a notícia que o meu tio Paulo, irmão do meu pai, e sua filha Zarife haviam morrido. Foi mais uma tragédia que atingiu em cheio nossa família já tão sofrida. Viúvo há quase tanto tempo quanto papai, o tio Paulo perdeu a tia Leila para o câncer de mama, aproximadamente, um ano após a morte da minha mãe. O tio se dedicou aos cuidados dos dois filhos quando descobriu que um deles estava com leucemia. Após diversas tentativas de cura, os tratamentos não surtiram os efeitos esperados e minha prima foi levada de volta para casa para aguardar a chegada da morte. No dia que a Zarife passou mal, em uma clara indicação de que seu fim havia chegado, o tio Paulo teve um derrame cerebral fulminante. Os dois foram levados juntos para o hospital e, juntos, saíram de lá carregados em seus respectivos caixões.

No dia do enterro, o papai bebeu muito e fez todo o cortejo fúnebre nas ruas do pequeno município de Porciúncula, no estado do Rio de Janeiro, amaldiçoando e blasfemando a catástrofe que mais uma vez se abatera sobre nós. "Eu já enterrei minha esposa", ele murmurava, "posso enterrar quantos forem preciso", dizia, virando-se para mim, completamente embriagado. Nesse momento, eu senti como que um olhar infernal nos acompanhasse. Eu não podia ver, mas sentia nitidamente que, com um sorriso no canto na boca, o mal me ameaçava como que telepaticamente: "Eu continuo presente e consigo executar a morte. A tragédia na sua vida não acabou". Eu saí imediatamente do meio do cortejo com ânsia de vômito, sentindo um nó na garganta e um medo terrível da presença maligna entre nós.

Felizmente, os meses se passaram e, com certo alívio, o ano de 1994 estava prestes a se findar. Os dias de sofrimentos haviam dado uma trégua. Apesar de todas as oscilações emocionais, eu estava me sentindo capaz de visualizar dias melhores para mim.

Com esperança renovada pelo amor que eu sentia pelo Victor, pedi ao meu pai que me desse de presente uma viagem aos Estados Unidos. Eu gostaria muito de me encontrar com o meu namorado novamente. Sentia muita saudade dele e desejava que o nosso relacionamento desse certo. Me preparei para fazer todo um discurso de convencimento ao papai, afinal, eu merecia essa viagem após ter passado no vestibular e estar estudando com tanto esmero. Minhas notas eram excelentes e eu despontava no meio acadêmico como uma aluna brilhante. Mesmo assim, eu não pensava que o papai pudesse consentir tão facilmente a viagem. Para minha surpresa, porém, ele permitiu que eu viajasse com a única ressalva de que o senhor Raul, pai do Victor, me acompanhasse no trajeto.

Excepcionalmente, papai vivia um período de sobriedade, o que me deixava muito feliz. Nessas fases, que se alternavam com as recaídas ao alcoolismo, meu pai voltava a ser o homem sensato e metódico de sempre. Muito me agradava estar em sua companhia. Eu me sentia amada como aquela criança da primeira fase da minha vida antes do terrível acidente.

Papai me ajudou a preencher os formulários para o passaporte. Viajamos para o Rio de Janeiro e ele me acompanhou na entrevista para o visto de viagem no Consulado dos Estados Unidos. Me esqueci, por um pouco, das tragédias e, finalmente, me deixei levar por um sentimento de que as coisas poderiam dar certo na minha vida e, essa viagem aos Estados Unidos definiria meu relacionamento com o Victor.

Arrumei as minhas malas selecionando todas as roupas quentes que eu tinha para a tão aguardada temporada de inverno em Boston ao lado do meu namorado. Sim, eu estava muito feliz com a esperança de que minha sorte havia mudado.

CAPÍTULO 6

MINHA CONVERSÃO

*Todavia, Deus, que é rico em misericórdia, pelo grande amor com
que nos amou, deu-nos vida juntamente com Cristo, quando ainda
estávamos mortos em transgressões – pela graça vocês são salvos.*

(Efésios 2:4-5)

Desci do sótão com o Victor logo após mim. Cumprimentei
efusivamente a Dora, o seu marido Widson e os meus três cunhados
que, nessa época, ainda estavam solteiros e moravam com a mãe. Parecia até que eu estava sonhando. Quando eu poderia imaginar passar a
noite de Natal nos Estados Unidos ao lado do meu namorado? Ainda
não acreditava que o papai tinha me dado permissão para viajar.

Fomos encaminhados pela Dora para a cozinha e me deparei

com a mesa do café delicadamente decorada em tons pastéis de azul, amarelo e branco. Naquela manhã de dezembro de 1994 reinava uma atmosfera de harmonia. Sabe como os fins de anos têm a capacidade de renovar as esperanças? Era como se eu estivesse encerrando um ciclo e dando início a uma temporada mais favorável de paz interior e tranquilidade familiar.

Havia sete cadeiras encostadas à mesa – um espaço reservado para cada membro da família. O sétimo lugar era meu. Estava perfeitamente feliz e à vontade com os Ornelas. A família do Victor me recebeu com tanto amor que eu sentia o coração aquecido, apesar do inverno de Boston.

Nos reunimos em volta da mesa e, antes de nos deliciarmos com as iguarias que a Dora havia preparado, ela pediu um momento de atenção. De pé, ela abriu a Bíblia e leu o versículo cinco do Salmo 30: "Porque a sua ira dura só um momento; no seu favor está a vida. O choro pode durar uma noite, mas a alegria vem pela manhã"[1]. Aquelas palavras pareciam terem sido escritas para mim. Era exatamente disso que eu precisava. Quantas lágrimas eu derramei, quantos mortos eu enterrei, quanta tristeza e dor que eu precisava deixar para trás?

Após a leitura da Bíblia, a Dora fez uma oração e todos – menos eu – fecharam os seus olhos, enquanto pronunciavam palavras em concordância com o que ela dizia. Realmente, minha sogra estava diferente, mas para melhor. E o Victor que, antes, havia ameaçado se mudar de casa por causa da conversão da mãe, não apenas continuava morando com ela como, também, havia tomado a decisão de entregar a sua vida a Jesus. Já nas últimas cartas recebidas no início de dezembro, ele havia revelado sua decisão por Jesus. Sabendo disso, eu esperava mudanças no nosso relacionamento que, a princípio, não

---

1   Versão Almeida Corrigida e Revisada Fiel.

ocorreram.

Naquela mesma manhã, a Dora me convidou para assistir ao culto de Natal que aconteceria à noite na igreja que ela frequentava. Eu aceitei o convite sem me sentir nem um pouco pressionada, pelo contrário, estava feliz e muito inclinada a ir sem resistência.

Logo à noitinha, chegamos ao edifício da, então, Assembléia de Deus de Boston, presidida pelo pastor Ouriel de Jesus. A igreja estava situada em uma rua movimentava de Somerville, mesma cidade em que a família do Victor morava. Curiosamente, os cultos eram celebrados em língua portuguesa, já que os membros da igreja faziam parte da vasta comunidade brasileira em Boston.

Quando chegamos, a reunião já havia começado. Tivemos dificuldade em encontrar lugar dada a lotação do local. O templo com paredes nuas, carpete azul e cadeiras estofadas vermelhas, em nada se assemelhava à Igreja Católica com seus múltiplos adereços e imagens sacras. Apesar da ausência de objetos religiosos, uma atmosfera fascinante tomava conta do local.

Encontrei uma cadeira bem no fundo da igreja e me sentei atrás de um homem alto que me escondia parcialmente da visão dos demais. O Victor sentou-se logo atrás de mim. Fiquei ali sozinha reparando na dinâmica daquela reunião. Há quanto tempo eu não pisava em uma igreja evangélica? Provavelmente, a última vez tinha sido há mais de sete anos quando, ainda criança, visitei a Igreja Presbiteriana com a minha amiga Patrícia nos dias de internação da mamãe.

Me acomodei rapidamente enquanto um grupo de música se apresentava no palanque. Havia uma energia contagiante e extraordinária. Todas as canções falavam de amor, paz, vitória e de adoração a Deus. As pessoas do auditório levantavam as suas mãos espontaneamente no meio da música. Algumas choravam balbuciando palavras indecifráveis, enquanto outras ficavam de pé e gritavam glória a Deus e aleluia.

De repente, aquelas canções começaram a penetrar fortemente em minha alma. O meu coração se moveu de maneira incomum. Eu comecei a chorar. Não foi um choro contido; ao invés disso, eu chorei descontroladamente. Eu não sabia o porquê daquele pranto extravagante. É bem verdade que eu tinha muitos motivos para lamentar, mas, conscientemente, eu não estava derramando minhas lágrimas por nenhum deles. Ou, talvez, eu estivesse chorando, sim, por todos eles. O fato é que o Espírito Santo, o Consolador, naquele momento entrou na minha vida através do louvor.

Posicionado no meio da tribuna, um pastor, líder dos jovens da igreja, interrompeu a música e disse voltando-se para minha direção: "Existe uma pessoa que entrou aqui nesta noite e que Deus está dando a primeira e última oportunidade. O seu dia é hoje. Eu sei quem é você. Eu já estou te vendo daqui".

Seria eu? Meu coração queimava... Mas, como ele poderia saber? Eu estava sentada tão distante... Ele não tinha como enxergar onde eu estava.

E aquela voz – a voz de Deus – soou forte na minha mente dizendo: "É você!"

Eu não vi mais nada... embalada por um choro profundo, eu fui à frente sem nenhum embaraço. Era o choro da minha alma e de todo o meu desespero.

Ao término da oração que o pastor fez por mim, me senti leve como uma pluma. Um peso foi retirado das minhas costas e, imediatamente, uma paz profunda que existe somente em Jesus invadiu o meu ser. Naquele dia, Deus me perdoou os pecados e me libertou do jugo de Satanás.

Esse foi primeiro passo de fé que eu dei em direção a minha caminhada cristã. Havia muitas feridas a serem tratadas na minha vida. Havia, também, muitos hábitos que eu precisava deixar para trás. Mas, naquele momento, Deus pediu apenas o meu coração e eu o entreguei sem reservas. Deste dia em diante, nada mais poderia me impedir de caminhar com Jesus. E nada poderia me separar do amor de Deus, nem mesmo a fatalidade que, novamente, assombraria a minha vida poucos anos depois.

Ao me reencontrar com o Victor no fim do culto, ele me perguntou se eu havia aceitado a Jesus por causa dele. Será que ele não percebeu que o Espírito Santo havia me constrangido a ir à frente? Então eu expliquei para ele que o que me levou a aceitar a Jesus foi a experiência espetacular que eu tive durante o culto.

Eu estava em êxtase depois daquela reunião. Penso que nem mesmo a Dora, que havia intercedido por mim, poderia esperar que eu me convertesse tão rapidamente. Eu estava nos Estados Unidos há, apenas, dois dias e tinha tomado a decisão mais importante da minha vida. Deus tinha pressa em agir. Havia chegado a hora de envergonhar o Diabo.

Serei eternamente grata a minha sogra por ter me conduzido a Jesus. Apesar de saber de toda a minha história, ela nunca me rejeitou. Ela acreditou que o Deus que mudou a vida dela também poderia operar o milagre em mim. Pela fé, a Dora sabia que eu poderia ser bênção na vida do Victor, mesmo que eu não tivesse aparência de bênção.

A vida dá voltas que a gente não pode imaginar. Se, no passado, a Dora havia sido aluna da minha mãe, agora era eu que, como uma discípula sedenta pelo conhecimento da Palavra, sugava todas as informações possíveis que ela tinha para compartilhar. Juntas, líamos a Bíblia e ela esclarecia minhas dúvidas em um devocional diário. Frequentávamos cultos, fazíamos orações e visitas na casa dos meus novos irmãos em Cristo. Nunca me esquecerei do cuidado que ela teve em me ensinar a Palavra e a dedicação de me acalentar como sua filha na fé.

Assim como eu, o Victor também estava dando os seus primeiros passos na vida cristã. E, mesmo após nossa conversão, continuamos dormindo no mesmo quarto na casa de sua mãe. O nosso namoro tinha a intimidade de um matrimônio e isso começou a me incomodar. Não foi uma cobrança externa, mas algo que Deus mesmo plantou no meu coração. Eu desejava me santificar em Jesus. Não foi preciso ninguém falar nada comigo. Nem o pastor, nem minha sogra, nenhum "crente bitolado". Eu amava muito o Victor e o desejava como homem, mas algo dentro de mim me apontava para outra direção em relação à nossa vida de prática sexual.

No quinto dia após a minha conversão, eu resolvi conversar com o Victor sobre o incômodo que essa intimidade estava me trazendo. "Vamos pedir uma palavra ao Senhor?" Abri a Bíblia aleatoriamente e meus olhos se esbugalharam com o texto que está escrito na Primeira Carta de Paulo aos Coríntios no capítulo cinco. Os primeiros versículos foram tão claros, que corroboraram com o que eu já sentia e tentava explicar para o Victor.

"Geralmente se ouve que há entre vós fornicação, e fornicação tal, que nem ainda entre os gentios se nomeia,

como é haver quem possua a mulher de seu pai. Estais vós inchados, e não pranteastes, para que fosse tirado do meio de vós aquele que tal ação praticou? Pois eu, na verdade, ausente em corpo, mas presente em espírito, já tenho, como se estivesse presente, julgado aquele que assim se portou: em nome do Senhor Jesus, congregados vós e o meu espírito, com o poder de nosso Senhor Jesus, seja o tal entregue a Satanás, para a destruição da carne, a fim de que o espírito seja salvo no dia do Senhor". [2]

— Está vendo só? — eu apontei para o texto freneticamente.

— Deus está falando com a gente, Victor. Mostrei o texto bíblico para ele tentando fazê-lo entender que, agora, Deus requeria um comportamento diferente de nós.

— Não, Ana — ele me disse carinhosamente. — O que nós fazemos é diferente. Não estamos fornicando; estamos fazendo amor.

E, mais uma vez, ele me beijou, nos abraçamos e nos entregamos um ao outro apaixonadamente.

O quarto onde dormíamos ficava localizado no sótão da casa da Dora. Para ter acesso, era preciso utilizar-se de um alçapão. Uma vez trancado do seu interior, não havia possibilidade de quem estivesse do lado de fora entrar no "nosso" quarto.

O colchão do Victor ficava no chão em um dos cantos do dormitório improvisado. Na outra extremidade a, aproximadamente, dois metros e meio de distância havia uma estante. Por causa do inverno rigoroso e uso contínuo do aquecedor, mantínhamos um copo de água nesse móvel para combater a sequidão na garganta.

Nessa mesma noite em que conversei com o Victor sobre nossa

---

2   Versão Almeida Corrigida e Revisada Fiel.

intimidade sexual, acordamos assustados com o copo d'água jogado em cima de nós. Dada a distância no extremo oposto ao nosso colchão, esse copo só poderia ter sido lançado sobre nós. Enquanto o Victor clamava a Deus expulsando demônios, eu vi um ponto brilhando como uma estrela na escuridão. No meu entender, aquele brilho era a ponta da espada de um anjo. Em vista disso, eu expliquei para o Victor que não se tratava de demônios, mas que era o Anjo de Deus que havia estado entre nós para nos reprovar.

— A partir de hoje eu não vou fazer mais nada com você, Victor. Deus está se desagradando do nosso relacionamento, disse.

O Victor, chateado, tentou me persuadir, mas eu estava decidida. Então, ele ficou tão aborrecido com a minha firmeza que deixou de falar comigo. Eu me senti mal... estava de visita na casa dele e, ainda assim, ele insistiu por vários dias no tratamento de silêncio.

Na terça-feira seguinte a esse episódio, fui com minha sogra ao culto da igreja que, agora, eu já considerava minha também. Já no finzinho da reunião, percebi um senhor me fitando ao longe. Eu tentei desviar o olhar por várias vezes mas, ao notar a sua insistência, falei com a Dora. Quando minha sogra se virou para conferir de quem se tratava, esse senhor a chamou para se encaminhar em direção ao púlpito onde ele se encontrava.

— Eu tenho uma palavra de Deus para você — ele disse voltando-se para mim. — Deus manda te dizer que esse é o seu marido.

Eu não o conhecia ainda, mas era o pastor Geziel Gomes quem me trazia essa palavra, um homem que teria uma grande influência nos nossos primeiros anos de fé cristã. Quando ele falou isso, eu dei um beijo na testa dele. Ele levou um susto, mas eu nem liguei para a reação dele porque, para mim, era como se eu estivesse beijando um padre, como é de hábito no catolicismo.

— Pastor, o senhor nem precisa falar o resto, eu disse entusiasmada ao reconhecer o que Deus já havia me revelado há vários anos.

— Minha filha, deixa eu acabar de te falar — ele me interrompeu. — Esse é o seu marido, mas se você continuar nesse relacionamento como está, Deus vai sair desse negócio.

Me surpreendi ainda mais. Deus já havia falado comigo e estava usando o servo dele como um profeta para confirmar a mensagem.

— Mas eu já sei disso, pastor. Deus me mostrou o texto de I Coríntios 5 e eu não faço mais nada com o Victor desde a semana passada.

Apesar de dormirmos no mesmo quarto e dividirmos o mesmo colchão, eu persisti na minha decisão e não tive mais relações sexuais com o Victor. Da mesma forma, ele continuou sem falar comigo. Decidi conversar com a minha sogra sobre tudo o que estava acontecendo porque aquela situação estava constrangedora demais. Ela me aconselhou com sabedoria a me manter impassível na promessa que tinha feito a Deus, mas, confesso, não foi nada fácil...

Até que um dia, já esgotada daquela situação, eu fui sozinha para o quarto e abri o meu coração para Jesus. Pouco antes, durante o período devocional com a Dora, nós tínhamos lido um versículo que dizia: "porque Deus não é Deus de confusão, senão de paz"[3]. Então, eu perguntei a Deus o porquê daquilo que estava acontecendo. Não fazia sentido o Victor me ignorar e me tratar com silêncio se eu estava cumprindo uma ordem de Deus para o nosso relacionamento. Seria o fim do nosso namoro? Mas, e a promessa de Deus?

---

3   I Coríntios 14:33 (versão Almeida Corrigida e Revisada Fiel)

— Senhor, eu preciso entender a minha vida. Eu vim para esse lugar para acertar o meu relacionamento com o Victor e ele se nega a falar comigo... eu não aguento mais estar na casa dele e ser tratada desse jeito.

E o Espírito Santo começou a se revelar na minha vida de uma maneira extraordinária. Naquele momento, aconteceu uma das experiências espirituais mais marcantes que eu tive com Deus. Ele descortinou o seu amor e cuidado por mim desde o terrível acidente na infância até o mover do Espírito no meu coração no dia em que eu me entreguei a ele sem reservas.

— Eu sou aquele que no dia do acidente acreditei nas suas palavras quando você clamou a Jesus e queria que Ele cuidasse de você. Eu sou aquela força que te ajudou a resistir à voz que queria destruir a sua vida na festa do seu aniversário de 13 anos. Se lembra de quando você falou que acreditava que tinha alguém maior que te amava? Esse sou eu. Eu vi todas as cartas que você escreveu após a morte da sua mãe. Você não me culpou e disse que precisava de mim. Eu sou a energia que se moveu no seu interior quando você, desfalecida pela bebida, já não tinha fé na vida. Eu renovei a sua esperança no futuro. Eu sou aquela voz que te revelou que o Victor seria o seu marido. Eu estou presente todos os dias da sua vida.

Foram horas de quebrantamento enquanto eu ouvia a voz de Deus e revisitava o meu passado. A minha vida passou-se diante dos meus olhos como um filme de Hollywood. O Espírito Santo me fez recordar, também, das várias tentativas que o Diabo fez de me destruir e de como Deus me ajudou a vencê-lo.

Chorei muito, muito mesmo. Havia detalhes penosos de serem lembrados, mas o Senhor trouxe tudo à minha mente como um médico que toca na ferida com o objetivo de curá-la. E eu me senti amparada por Deus. Percebi que nunca, em momento algum, nem mesmo nos dias mais difíceis, estive sozinha. Deus sempre esteve comigo. Eu sou amada, muito amada por Deus.

Bem no meio dessa experiência sobrenatural, eu olhei pela janela do sótão e vi uma menina loira se aproximar da casa. Ela estava conversando com o João Basílio, um senhor cristão inquilino da Dora. Observei o momento em que ela entregou um bilhete para esse senhor. Então, eu ouvi a outra voz, a voz do mal, que já há algum tempo estava silenciosa.

Ah, o Diabo... esse expectador deplorável que estava ao derredor tramando como um leão. Insatisfeito pelo mover de Deus no meu interior, Satanás jogou um dardo inflamável em minha mente.

— Essa é a ex-namorada do Victor. Se lembra de que ele te falou em uma das cartas sobre a Sharon? Se lembra de como ela foi importante na vida dele? Você nem imagina o que está escrito nesse bilhete, mas eu vou te falar — e a voz continuou insinuando. — Essa moça está marcando um encontro com o Victor e, como você o está desprezando, eles vão se encontrar. Você não quer mais fazer sexo com ele, não é? Ele não acredita mais no seu amor e, por causa disso, ele vai te abandonar e voltar com a Sharon.

Eu fiquei muito abalada, confesso. A voz do Espírito Santo se calou enquanto as palavras de Satanás ecoavam na minha cabeça. Ciente de que ele receberia o bilhete, esperei o Victor chegar do trabalho no fim do dia na expectativa de que ele me contasse sobre a moça. Ele entrou em casa e não me falou nada, nem me cumprimentou, já que continuava na missão de me ignorar. Resolvi por um ponto final no tormento do inimigo e passei a meditar no versículo que o Senhor tinha me mostrado: "Porque Deus não é Deus de confusão".

Mais um dia se passou sem que o Victor falasse comigo e, mais uma vez, eu perambulava pela casa dividida entre a euforia da nova fé e a angústia de ser tratada tão friamente pelo homem por quem eu estava apaixonada. Na manhã seguinte, ele foi para o trabalho sem se despedir. No retorno, porém, o Victor me surpreendeu com um buquê de rosas. Arrependido, ele havia ouvido a voz do Espírito Santo. Me pediu desculpas e, pasme, me propôs casamento.

Como vale a pena ser fiel ao Senhor. Eu estava radiante e não tinha dúvidas de que o Victor era o homem escolhido por Deus para ser o meu companheiro por toda a vida.

O Victor, então, me mostrou o bilhete. Sim, a moça loira era mesmo a antiga namorada dele mas, ao invés de querer marcar um encontro, a Sharon havia escrito uma notinha com votos de sucesso e felicidade para o Victor e eu.

Nesse dia, eu entendi que Deus prova os nossos corações. A escolha está em nossas mãos: podemos confiar nas firmes promessas de Deus ou dar lugar às astutas ciladas do Diabo.

Em poucos dias, ficamos noivos em uma cerimônia simples e íntima. Nossos pastores em Boston, Ouriel e Jussara de Jesus, colocaram as alianças em nossas mãos direitas. Exultante, a Dora preparou um almoço com muito amor e entusiasmo por toda a obra transformadora que Deus estava realizando conosco em tão pouco tempo.

Minha viagem a Boston durou quarenta dias apenas, mas foi um período de experiências intensas com Deus e mudanças extraordinárias na maneira como eu conduziria minha vida a partir desse novo relacionamento com o Criador.

Enquanto eu testemunhava e vivia todas essas experiências excepcionais com Deus nos Estados Unidos, recebi um recado do meu pai que me deixou alucinada. Como não havia ninguém em casa no momento do telefonema, ele deixou uma mensagem na secretária eletrônica em que dizia: "Você não gosta mais do seu pai, não é? Você me abandonou, Ana Paula. Agora só quer ficar aí nos Estados Unidos. Eu vou me matar, você está ouvindo?"

Eu fiquei muitíssimo abalada com essa mensagem. Quando saí do Brasil, o papai estava sóbrio e equilibrado. Ele estava vivendo, antes do Natal, um período de recuperação sem bebidas e sem mulheres. Infelizmente, o vício mais uma vez lhe tinha dado uma rasteira e o papai sucumbiu aos efeitos e consequências do álcool.

Assim que terminamos de ouvir a gravação, a Dora dobrou os joelhos em oração. Ao se levantar, ela me disse que, enquanto eu estivesse ali, o papai não ligaria mais desse jeito. Eu duvidei... eu conhecia bem o melhor e o pior do meu pai e esperava que ele ligasse o dia inteiro, mas isso não aconteceu. Preocupada, eu liguei para o Brasil no dia seguinte. Meu irmão atendeu o telefone chorando.

— Línea (meu apelido), o papai está enlouquecendo. Ele saiu agora de casa completamente transtornado. Nós tivemos uma discussão séria. Ele disse que eu tinha que virar homem e arrumar uma namorada. Me deu uns empurrões e quase me agrediu — e meu irmão, tadinho, descontrolado continuou dizendo. — Ele não está normal. Ele está bebendo muito, muito mesmo. Ele está diferente. Tem algo muito estranho acontecendo com o papai.

Tentei acalmar o meu irmão como pude. Como assim ele tinha que arrumar namoradas e virar homem? O Rodrigo só tinha 15 anos. Tive a ideia de ligar para a vó Glorinha. Ela disse que pediria a um primo para ir buscar o Rodrigo em Muriaé e levá-lo para ficar com ela em Eugenópolis.

Antes que eu ligasse de volta para o meu irmão para instruí-lo sobre o combinado com a vó, a Dora teve uma visão.

— O seu irmão está colocando roupas dentro de uma mochila para sair. Ligue para ele e avise que Deus enviou um anjo para protegê-lo.

A Dora me explicou que o Diabo estava furioso. Todas as ações demoníacas foram desvendadas para mim e ele estava agindo na minha família para me atingir. Será que o papai estava possuído por demônios? Eu estava assustada.

Liguei de volta imediatamente e falei com o Rodrigo:

— Eu preciso te contar uma coisa, Rodrigo. Eu aceitei a Jesus e estou tendo uma experiência com Deus. A Dora acabou de ter uma visão com você — então, eu expliquei o que a Dora tinha visto e contei, também, que o primo já estava a caminho para buscá-lo. Estupefato, ele me respondeu:

— Nossa! Eu estou fazendo exatamente isso. Eu vou para qualquer lugar, mas não fico mais nessa casa.

Esse embate com o papai deixou o meu irmão tão arrebentado emocionalmente que ele ficou morando na casa da vó Glorinha por vários meses. Estando em Eugenópolis, o Rodrigo precisava pegar uma Kombi às quatro da manhã para chegar na escola em Muriaé no horário da aula. Ele preferia isso a voltar para casa. Apenas depois de muita insistência e conversa com o vô Geraldo é que o meu pai conseguiu convencê-lo a voltar para casa três meses depois da briga.

Até esse episódio com o Rodrigo, todas as discussões familiares com o papai ficavam limitadas às paredes de nosso apartamento. Mas a ruína moral do meu pai chegou a tal ponto que, ainda durante minha estadia em Boston, recebi uma ligação de uma amiga do Brasil dizendo para que eu voltasse o mais rápido possível porque o meu pai estava descontrolado, arrumando confusão com a vizinhança, jogando até uísque pela janela do apartamento.

Obviamente, eu fiquei atordoada procurando algo que eu pudesse fazer mesmo estando longe. Entrei em contato com uma senhora com quem o meu pai se relacionava entre idas e vindas, conforme seu estado de embriaguez. Ela confirmou tudo o que minha amiga já havia falado. Eu pedi, então, que ela o levasse para a Casa de Saúde de Muriaé. Mais uma vez, o papai foi internado com amarras em seus braços como um animal selvagem. Poucos dias depois, fui informada que deveria transferi-lo para um centro de recuperação.

Mesmo de longe, eu descobri uma renomada clínica no Rio de Janeiro que mantinha convênio com a Petrobrás. Finalmente, o papai foi internado em uma casa especializada para dependentes químicos, o que trouxe um alívio momentâneo para todos.

Em poucos dias, eu estaria de volta ao Brasil e, para a minha amargura, encontraria o meu pai em condições completamente diferentes de como o deixei antes da viagem...

CAPÍTULO 7

O SOBRENATURAL

Portanto, se alguém está em Cristo, é nova criação. As coisas antigas já passaram; eis que surgiram coisas novas!

(2 Coríntios 5:17)

Eu estava perplexa com as nuances e potência do mundo espiritual. Só agora eu começava a entender que as experiências sobrenaturais que eu ouvi e senti durante muitos anos da minha vida não eram indícios de loucura ou alucinações produzidas por uma mente abalada pelo sofrimento, mas tudo aquilo fazia parte de uma esfera real e, até então, desconhecida para mim.

Faltavam poucos dias para o meu retorno ao Brasil e Deus me disse para buscá-lo com intensidade porque, fazendo isso, eu alcançaria vitória. Uma vez que o papai estava internado, não havia nada que eu pudesse fazer a não ser orar por ele e acreditar em sua recuperação. Psicologicamente, eu tentava me preparar para minha volta quando, aí sim, eu precisaria lidar de perto com a condição do meu pai. Até então, minha prioridade seria obedecer a Deus e procurá-lo de todo o meu coração como, de fato, eu fiz. Jamais me esquecerei das experiências maravilhosas que eu vivi com o Senhor nessa fase da minha vida.

Certa vez, o Victor e eu fomos levar o pastor Geziel Gomes para pregar em uma cidade próxima. Em dado momento do culto, o pastor convidou à frente as pessoas que precisavam receber um milagre de Deus. Entre os presentes, aproximou-se dele um rapaz com uma das mãos gravemente ferida, inchada, com suturas visíveis e sem condições de abri-la. Altamente interessada no que poderia acontecer, eu me aproximei e observei atentamente o rapaz receber o milagre da cura. Ele recuperou o movimento da mão instantaneamente e eu fiquei maravilhada por presenciar o agir de Deus naquele lugar.

Em outra ocasião, eu fui com o Victor visitar uma amiga dele. A moça, muito simpática e hospitaleira, foi logo me servindo uma taça de vinho. Como eu já tinha o hábito de beber, nem pensei se, uma vez crente em Jesus, eu deveria ou não continuar ingerindo bebidas alcoólicas indistintamente. Simplesmente, fui levando o cálice à boca quando o telefone da casa tocou. Cheguei a sentir o aroma suave e o sabor intenso do vinho ao engolir o primeiro gole antes de ser interrompida pela dona da casa. A Dora estava ao telefone e desejava falar comigo: "Se você estiver com um copo na mão com vinho", ela disse, "não beba porque está tudo consagrado aos demônios". Imediatamente, larguei a taça em um canto da mesa e não bebi mais nada.

A cada dia eu ficava mais impressionada com as revelações e o agir de Deus, mas em uma determinada manhã do mês de janeiro, Deus me proporcionou uma experiência espetacular e inesquecível.

Acompanhei a minha sogra em uma visita na casa da Ana, uma amiga da Dora que havia tido alta hospitalar recente após uma cirurgia. Minutos depois de nos acomodarmos, um grupo de irmãos juntou-se a nós. A dona da casa ajeitou-se confortavelmente em um dos sofás da sala. Depois de uma conversa rápida, o pequeno grupo se reuniu em volta dela e começou a orar. Eu estava de olho bem aberto, um tanto desconfiada do que poderia acontecer.

Enquanto as pessoas oravam, eu questionava a lógica e a dinâmica do que estava acontecendo e tentava descobrir o que eu deveria fazer. "O que eu vou orar?", eu pensava. "Como é isso? Todo mundo fala ao mesmo tempo? O que eu devo falar na oração?" Então, sem entender muito bem como aquelas orações eram direcionadas, eu resolvi agradecer a Deus pela salvação que eu tinha recebido através do sacrifício de Jesus.

De repente, quando eu estava no meio desse processo de agradecimento, senti uma mão me segurando firmemente pelo pulso. Uma corrente elétrica percorreu todo o meu corpo e essa mão me dirigiu até o local onde se encontrava a convalescente. Fui levada pela força dessa mão invisível no meu pulso a pousar a minha mão na região do útero da Ana.

Eu tinha perdido o controle do meu corpo e estava muito assustada. Eu gritava procurando uma explicação, mas os irmãos continuavam orando e pareciam não notar o meu desespero: "Gente, o que está acontecendo comigo? Alguém pegou a minha mão e está me fazendo tocar a barriga da Ana... eu estou sentindo um curto circuito pelo corpo..." Então, a Ana começou a falar que os pontos cirúrgicos haviam sido abertos e que uma secreção amarelada e viscosa estava escorrendo do local infeccionado da cirurgia.

Ao fim da oração, a corrente elétrica continuou percorrendo o meu corpo. Quanto mais eu pensava em falar para as pessoas sobre o assunto, mais aquela energia aumentava e, finalmente, eu resolvi me calar. Saí da casa, entrei no carro e continuei com aquela sensação até chegar de volta na casa do Victor.

Voltei a sentir essa mesma energia pela segunda vez no momento em que o pastor Ouriel de Jesus ministrava as bênçãos de Deus sobre as vidas das pessoas durante um culto. Nessa ocasião, a irmã Maura, esposa do pastor Geziel Gomes, viu a minha mão tremulando e me disse: "Minha filha, quando você sentir isso, coloque as suas mãos sobre as pessoas e ore por elas", mas essa foi a última vez que eu senti essa corrente elétrica no meu corpo.

E foi assim, com experiências espetaculares, que eu segui os meus últimos dias em Boston, experimentando o amor e o favor de Deus através de uma intimidade com o Criador que jamais eu poderia imaginar que fosse possível.

Eu compartilhava com o Victor todas as experiências com o Senhor. Ele, por sua vez, também vivia o sobrenatural de Deus naqueles dias. Agora, estávamos em sintonia e, ambos, queríamos mais de Deus. Essa reciprocidade fez com que considerássemos nos casar ainda durante minha estadia nos Estados Unidos. Minha sogra não apenas apoiava essa ideia, como incentivava o nosso casamento na América. A Dora já imaginava as lutas que teríamos que enfrentar quando voltássemos para o Brasil e temia que perdêssemos a semente espiritual que havia sido plantada em nossos corações. É verdade que nossa experiência com o Senhor era diária, eficaz e poderosa, mas tínhamos tido uma vida inteira sem Deus. O temor dela era compreensível uma vez que tínhamos vivido muito mais tempo servindo às trevas do que ao Senhor.

Atento ao que se passava entre nós e às conversas sobre casamento, um dia o João Basílio decidiu interferir. Colocando-se no lugar do meu pai, ele me aconselhou a agir com calma e prudência e esperar o tempo certo para me casar.

— Minha filha, não faça isso. O seu pai te pagou uma passagem para passear. Imagina só você voltar para o Brasil casada. Por mais que o seu pai esteja em uma clínica de recuperação, você precisa respeitá-lo. Ficar noiva, tudo bem, porque é um sinal de compromisso. Mas, se o Victor quer casar com você, ele deve ir para o Brasil e vocês se casam lá com a bênção do seu pai, tudo direitinho, não precisa dessa afobação.

Concordei com a recomendação sábia dele e resolvi adiar nosso casamento. Poderíamos esperar por mais alguns meses e celebrar o nosso matrimônio no Brasil com a presença do meu pai e meu irmão.

Ao fim de quarenta dias, chegou o momento de voltarmos. Enquanto eu arrumava a minha pequena bagagem, o Victor preparava suas malas de mudança definitiva. Junto com o Felipe, irmão caçula do Victor, minha sogra nos despediu dos Estados Unidos com uma oração pedindo a bênção de Deus por nossa viagem, nossos planos e nosso futuro.

Era o início do mês de fevereiro do ano de 1995 e estávamos muito felizes. Passamos grande parte do trajeto confabulando projetos para o início de nossa vida juntos no nosso país. Pensávamos onde iríamos morar, que igreja iríamos frequentar, que emprego o Victor poderia conseguir, enfim, havia muitas expectativas, mas pouca definição.

Se por um lado os sonhos de uma vida em comum com o Victor enchiam o meu coração de esperanças, por outro, eu estava muito preocupada com a situação em que o meu pai se encontrava. Antes de seguirmos para Minas Gerais, nossa primeira parada no Brasil deveria ser na clínica de recuperação no Rio de Janeiro, onde encontraríamos o meu pai.

Na manhã seguinte ao nosso desembarque, seguimos para a casa de recuperação. Reparei o espaço físico agradável, limpo e bem cuidado do local. Um prédio de poucos andares dividia espaço com uma grande piscina no terreno amplo e arborizado que mais se assemelhava a um sítio.

Adentrei a recepção à procura de informação sobre o quarto do meu pai. Meu primeiro choque foi saber que o papai se encontrava internado na ala de isolamento máximo. Subi pelas escadas rapidamente em direção ao terceiro andar, enquanto o Victor me seguia a um passo mais lento. Observei os pacientes que encontrei pelo caminho. Havia militares, executivos, pessoas comuns que tentavam vencer o vício e que traziam na aparência marcas de sofrimento emocional e físico. Nada disso, porém, poderia me preparar para a cena que eu estava prestes a testemunhar.

À medida que me aproximava, ouvi urros que pareciam vir do quarto do meu pai. Entrei devagarinho e cheguei bem a tempo de ver uma enfermeira esmurrar o braço do papai para conseguir enfiar forçosamente uma colher de papa de comida em sua boca. Nu e com os braços e pernas amarrados à cama do hospital, o papai virou os olhos em minha direção e, ao notar minha presença, rosnou como um cão bravo, gritou impropérios e me mandou sair: "Some daqui! Eu te odeio!"

Que cena horrível! Desci pelas escadas correndo. Encontrei-me com o Victor no meio do caminho e implorei que saíssemos imediatamente dali. Estava com o coração em frangalhos. Meu Deus! O que seria da vida do meu pai? Senhor, ajude o meu pai.

Pegamos um táxi de volta para o Leblon onde estávamos hospedados. Nos dirigimos primeiro para a praia onde, na companhia do Victor, passei alguns momentos fitando o mar perdidamente enquanto meditava sobre a minha vida. Já não era bastante tudo o que tinha acontecido? O meu pai ainda precisava passar por isso? Parecia que o sofrimento não teria fim. "Meu Deus, agora eu te conheço. Como isso vai terminar?"

Aguardei mais alguns dias até receber a notícia de que o papai havia deixado a área de isolamento. Tomei coragem e voltei para visitá-lo. Sim, o meu pai parecia melhor, mas ainda não se encontrava em seu estado normal. Estranhamente calmo e com dificuldade de raciocínio e concentração, ele parecia estar sob forte efeito de sedativos. Os demais pacientes da clínica passavam entre nós gesticulando freneticamente e gritando palavras sem nexo e o papai não se incomodava com nada. Não... esse não era o meu pai tão meticuloso de outrora.

Mesmo ciente de que o papai estava internado por livre e espontânea vontade, eu pedi à equipe responsável por seu tratamento que adiasse a sua alta hospitalar. Lógico que eu queria que ele saísse de lá o mais rápido possível, mas eu desejava ver o meu pai bem e recuperado de uma vez por todas.

Dias depois, segui para Minas Gerais com o Victor. Já estava na cidade há mais de uma semana quando recebi uma ligação do papai.

Estranhamente, ele me pediu que contratasse uma pessoa para lixar todo o chão do seu apartamento em Muriaé porque, segundo ele me explicou, alguém teria feito um trabalho de feitiçaria em sua residência derramando óleo de dendê por todo o espaço.

A princípio, eu pensei que o papai estivesse tendo mais uma alucinação, mas ele já havia, inclusive, entrado em contato com o rapaz que faria o serviço. Tudo o que ele desejava era que eu e o Victor estivéssemos no apartamento quando a pessoa chegasse.

Papai não aprovava esse tipo de prática religiosa, mas algumas das mulheres com quem ele se relacionou depois da morte da mamãe eram praticantes de religiões afro-brasileiras e espíritas kardecistas. Por várias vezes, eu cheguei na casa do meu pai e notei velas vermelhas queimando em seu banheiro. Provavelmente, ele teria presenciado algum ritual com o tal óleo de dendê, o que explicaria essa recomendação aparentemente absurda.

No caminho para Muriaé, eu conversei com o Victor sobre nossos planos para o período do Carnaval que se aproximava. Ao mesmo tempo em que procurávamos andar em novidade de vida pela graça alcançada em Jesus, tínhamos um passado recente de vida mundana. A fim de evitar a tentação da festa, eu sugeri ao Victor que passássemos a data com a família dele em Ipatinga, cidade conhecida no estado pelo grande número de evangélicos e, portanto, com Carnaval quase inexistente. Eu temia que em Eugenópolis eu cedesse aos prazeres dos bailes e festas de rua que costumávamos frequentar com os amigos até bem pouco tempo.

Já estávamos no apartamento quando o Sirley, nome do rapaz que faria o serviço, chegou. Nos apresentamos e falamos sobre o trabalho que deveria ser realizado. Pedi que ele adiasse a passagem do verniz para o dia seguinte, já que eu pretendia passar a noite no apartamento com o Victor e meu irmão Rodrigo.

Enquanto o Sirley trabalhava, começamos a conversar sobre trivialidades. Ele perguntou sobre nossos planos para o Carnaval e eu falei que, por sermos novos convertidos, eu pretendia fugir da tentação de ficar em Eugenópolis. Então, ele disse que era evangélico e nos convidou para participar do retiro espiritual que a igreja dele estaria promovendo nos dias do feriado.

Eu fiquei muito entusiasmada com essa possibilidade de me juntar a um grupo de irmãos em um retiro de Carnaval, mas percebi que o Victor não se animou muito. Nitidamente, ele preferia ficar em Eugenópolis e tinha planos pouco espirituais para os dias que se seguiriam.

Meu irmão se juntou a nós no fim do dia, passou a noite no apartamento conosco mas, na manhã seguinte, partiu logo cedo de volta para a casa da vó Glorinha. Ele não havia dormido bem e disse ter sentido uma "pertubação" durante a noite. De fato, mesmo que só estivéssemos nós três ali e que não houvesse acontecido nada fora do normal, a atmosfera reinante no apartamento do meu pai não era nada agradável.

Com a saída do meu irmão, o Victor e eu tivemos que arrumar os móveis sozinhos. Deixamos Muriaé já muito tarde, abandonamos a ideia de seguir para Ipatinga e decidimos passar o Carnaval em Eugenópolis mesmo.

Logo os velhos amigos nos convidaram para os velhos hábitos. E aconteceu exatamente o que eu temia: não resistimos à sedução da carne e nos rendemos à folia. De última hora, nos enveredamos pelo Bloco dos Presidiários com os antigos companheiros de farra e pileque.

Me esbaldei na festa mundana vestindo um shortinho muito, muito curto, e uma camiseta desenhada pelo Victor especialmente para a ocasião. Pulei e dancei com toda a energia do meu corpo, embalada pelo som estridente dos blocos baianos que se apresentaram naquele ano. Assim, ressuscitei de dentro de mim aquela jovem profana que eu pensava ter deixado definitivamente para trás.

Embora eu me permitisse usufruir aquela extravagância carnavalesca, alguma coisa dentro de mim havia mudado e eu já não sentia o prazer de antes. Porque eu tinha feito um compromisso com Deus, a voz do Espírito Santo me alertava de que aquele já não era o meu lugar. Eu não estava disposta a ouvir a voz do Espírito e, como que para calar o clamor da minha consciência, abri uma conta no bar da praça e me entorpeci de bebidas alcoólicas nos quatro dias de festa.

Nesse tempo, eu e o Victor passamos a nos desentender muito. Qualquer bobagem era motivo de briga. Nosso futuro juntos parecia estar ameaçado. Há poucos dias, voltávamos dos Estados Unidos com tantos sonhos e, agora, eu estava alarmada com o destino sombrio que se descortinava para nós por causa da nossa fraqueza. Sim, eu estava desapontada comigo mesma por ter cedido aos apelos dos amigos, mas principalmente, me sentia frustrada com o Victor pelo envolvimento rápido e vigoroso com que ele se entregara ao Carnaval.

Fiquei impressionada como em um dia apenas, já no início da folia, o Victor conseguiu desenhar a camiseta dos amigos que sairiam conosco no bloco. Ele imprimiu a estampa e encontrou uma malharia que produzisse todas as blusas de última hora.

Todo o material ficou pronto já no primeiro dia de Carnaval e nos encontramos em meio a um grupo de cerca de 50 foliões uniformizados graças ao talento artístico e desembaraço do Victor. Com destreza, ele ilustrou a camiseta branca com um rosto humano completamente deformado de cujo canto da boca pendia um charuto de maconha. Meu coração doeu. Já não tínhamos deixado essa vida para trás?

Hoje eu compreendo que quando o Diabo quer que você se arrebente, realmente, ele facilita o caminho da destruição. Não houve dificuldade nenhuma para a produção da camiseta. Infelizmente, as portas do inferno são escancaradas para levar as pessoas à morte espiritual.

Eu e o Victor passamos os dias de Carnaval vivendo os altos e baixos do nosso relacionamento: brigávamos, bebíamos, fazíamos as pazes, sambávamos, sorríamos e brigávamos novamente. O ciclo se repetiu nos quatro dias de folia.

Finalmente, chegou a terça-feira gorda, último dia de Carnaval. Me lancei em meio à multidão em uma dança frenética e sensual arrebatada pelo som da banda que se apresentava no palco. Meus sentidos já estavam entorpecidos pela grande quantidade de bebidas alcoólicas ingeridas naqueles dias. O refrão da música repetia à exaustão o mantra indiano *Hare Krishna* quando, de repente, o som foi diminuindo, diminuindo, diminuindo... até que o meu ouvido se fechou completamente para a canção e eu passei a escutar unicamente a voz do Senhor.

Parei de dançar imediatamente. Olhei ao meu redor e senti como se eu estivesse em um mundo paralelo. As pessoas se remexiam ao som da música, sorriam e cantavam, mas eu não ouvia mais nada, a não ser a voz de Deus.

Deus começou a me lembrar das experiências em Boston e de como eu tinha experimentado o seu amor tão profundamente naqueles dias recentes. Valeria a pena trocar toda a dádiva de Deus por uma alegria passageira? Pensei no meu pai e na condição em que ele se encontrava. O meu coração se entristeceu por tudo o que estava acontecendo com ele. O Senhor também me mostrou o Victor como meu marido, mas no momento em que me virei na direção dele, eu vi mulheres enroscando-se em seu pescoço como cobras peçonhentas a ponto de dar o bote. Com os rostos próximos um do outro, ele estava a ponto de beijar uma delas.

Sem que ninguém percebesse, corri do meio da multidão em direção a uma praça vazia da cidade há, aproximadamente, 60 metros do local onde se encontrava o bloco. Longe da aglomeração, dobrei os meus joelhos ali mesmo e, sozinha, implorei o perdão de Deus: "Por favor, não risque o meu nome do Livro da Vida. Eu já experimentei o seu favor e eu quero te servir, Senhor, independente das escolhas do Victor. Eu sei que ele deveria ser o meu marido, mas não é justo eu ter que ficar presa a essa condição se ele não te quer. Deus, eu sei que você pode escrever para mim uma nova história".

No meio da minha oração, o Victor se aproximou sem que eu notasse. Talvez, ele estivesse sentindo o mesmo que eu. Talvez, ele estivesse me observando ao longe. Talvez, o meu quebrantamento tenha-o feito relembrar do que vivemos e experimentamos nos Estados Unidos. Talvez, ele também precisasse de força para viver uma nova vida com Jesus.

— Ana, vamos sair daqui? Eu estou arrependido. Me desculpa, meu amor, por esses dias de tanta discórdia entre nós. Essa vida mundana já não me interessa como antes. Eu quero viver em novidade de vida com Deus.

Apesar do meu arrependimento, passei a noite muito perturbada e com a consciência pesada. Eu ainda não entendia muito bem sobre a graça – o favor imerecido de Deus – e a extensão do seu perdão. Ainda me sentia culpada e me acusava intimamente de ter me afastado de Deus de maneira deliberada. O Diabo tentava me oprimir dizendo que, por causa do meu pecado, não tinha mais solução para mim. Além disso, o meu corpo sofria pelas consequências da bebedeira: dor de cabeça, mal-estar, náusea e irritabilidade. Eu estava de ressaca e tonta pela intoxicação alcoólica das noites anteriores.

Muito transtornada, procurei marcar uma consulta com o antigo psicólogo em Muriaé que me socorreu por tantas vezes. Felizmente, havia uma vaga naquele mesmo dia. Era a quarta-feira de Cinzas e eu me sentia mesmo como um punhado de pó sem nenhum valor.

No caminho em direção ao consultório do analista, passei pelo bar da praça e observei a porta de aço entreaberta. Decidi entrar mesmo assim com a intenção de pagar minha dívida acumulada no Carnaval e deixar aquela vida para trás de uma vez por todas.

Confesso que fiquei apavorada com a quantidade de bebida consumida nos dias de folia. Além das inúmeras garrafas de cervejas, eu ingeri oito doses de Bacardi, uma bebida destilada e, portanto, com altíssimo teor alcoólico. Mais uma vez, pedi desculpas a Deus pelo total descontrole. A quem eu queria enganar? Eu vivia em estado de preocupação constante pela dependência alcoólica do meu pai e, com a falsa percepção de que eu estava no comando, seguia pela mesma trajetória do alcoolismo.

Cheguei ao consultório em Muriaé após o almoço. Eu esperava que aquela sessão trouxesse um pouco de alívio e que eu pudesse, com a ajuda do analista, compreender o papel que a religião exerceria na minha vida a partir de então.

Exultante, contei para o psicólogo que, durante a viagem de

férias, eu havia me convertido a Jesus. Agradeci pelas diversas vezes em que ele compartilhou trechos do Evangelho comigo durante as consultas e falei o quanto as mensagens bíblicas haviam sido valiosas para minha vida.

Para a minha decepção, ele falou que eu havia feito uma interpretação errônea: "A Bíblia, Ana Paula, é *apenas* um livro comum. Ela não tem todo esse poder que você está atribuindo".

Ouvi tudo o que ele tinha para falar em respeito às várias vezes em que ele me ajudou nos momentos de aflição, mas compreendi que a Psicologia já não poderia me socorrer. Ou, pelo menos, não naquele momento em que Jesus se tornava o centro da minha vida.

Depois daquela sessão, voltei para Eugenópolis e me encontrei com o Victor disposta a resolver nossa situação. As férias estavam findando e, brevemente, eu precisaria voltar para a universidade de Viçosa para dar continuidade ao meu curso.

Ainda no mês de fevereiro, pouco após o Carnaval, tivemos a sorte de encontrar um quarto disponível para aluguel na mesma rua em que eu morava em Viçosa. Rapidamente, o Victor conseguiu um emprego como professor de inglês em um curso da cidade. Minhas aulas da universidade recomeçaram e seguimos nossa vida.

Estávamos, agora, à procura de uma igreja que pudéssemos frequentar e que tivesse uma estrutura para atender toda a nossa necessidade espiritual. Pela ardente experiência que tínhamos passado nos Estados Unidos, sonhávamos com uma igreja pentecostal com a qual nos identificássemos.

Nesse ínterim, o papai teve alta da clínica no Rio de Janeiro. Antes de voltar para o seu apartamento em Muriaé, ele passou uma semana hospedado na casa de um tio residente do Méier. Soube que ele saiu da clínica diretamente para um bar e passou todo esse período antes de voltar para Minas frequentando os botecos do bairro. Eu temia pela vida do meu pai e as consequências que suas escolhas poderiam gerar.

Já estávamos em maio de 1995 e ainda não tínhamos encontrado uma igreja para chamar de "nossa". Frequentávamos um culto ou outro de diversas denominações na esperança de discernir os planos de Deus para nós, mas ainda não tínhamos nos decidido por nenhuma delas. Mesmo assim, nunca mais nos desviamos dos caminhos do Senhor. As festas mundanas, álcool e drogas já não tinham poder sobre nós e procurávamos nos consagrar em oração, jejum e leituras bíblicas.

Até que, um dia, fomos cumprimentados pelo pastor Getúlio Fagundes quando passávamos em frente à Assembléia de Deus de Viçosa. Ele encontrava-se na porta do templo conversando com alguns irmãos. Casualmente, ouvimos que eles falavam sobre o batismo que aconteceria no dia seguinte. Eu e o Victor nos entreolhamos e entendemos que essa era a oportunidade que estávamos buscando em Deus.

— Pastor, por favor, nos batize amanhã — o Victor fez o pedido diante de um pastor visivelmente surpreso e prosseguiu. — Eu e minha noiva estamos precisando encontrar uma igreja e nos batizar e eu creio que é nessa igreja que Deus quer que fiquemos.

Movido pelo conhecimento da Palavra e, talvez, tocado por nosso coração sincero, o pastor nos respondeu:

— Bom, eu vou fazer como Filipe que batizou o eunuco etíope[1], né? Eu vou crer em vocês e vou batizá-los, sim, mas venham aqui amanhã cedo, antes do batismo, para que eu possa conversar com

---

1   História bíblica relatada em Atos 8:27-39.

vocês.

Chegamos na igreja no dia seguinte no horário marcado pelo pastor. Ele nos explicou as doutrinas da Assembléia de Deus e perguntou se estávamos dispostos a segui-las. Uma vez que concordamos, ele nos encaminhou para o local da realização do batismo em uma casa de recuperação onde um tanque havia sido preparado para a ocasião.

Em uma clara referência ao batismo de Jesus por João Batista no rio Jordão, o Victor e eu descemos às águas no dia 5 de maio de 1995. Submergimos como o velho Adão para ressurgir como nova criatura em Cristo Jesus.

Estávamos genuinamente agradecidos a Deus, felizes com o batismo, cantando hinos e louvando ao Senhor em todo o tempo. Passamos o restante do dia naquele local entre os crentes em um ambiente familiar, extremamente agradável e aprazível. Foi amor à primeira vista. Eu estava apaixonada por nossa igrejinha.

CAPÍTULO 8

O CASAMENTO

Desfrute a vida com a mulher a quem você ama, todos os dias desta vida sem sentido que Deus dá a você debaixo do sol.

(Eclesiastes 9:9)

A quadra do Clube Recreativo de Eugenópolis estava abarrotada de gente. Além dos convidados, muitos curiosos se aglomeravam na expectativa de ouvir o pastor "americano" que iria fazer a solenidade. Era 19 de julho de 1995, uma quarta-feira, dia pouco usual para a realização de uma cerimônia religiosa de casamento.

O pastor "americano", na verdade, era o maranhense Geziel Gomes. Por causa do respeito, admiração, amizade e influência que ele teve nos nossos primeiros passos como cristãos evangélicos, o Victor e eu fizemos questão que ele realizasse a liturgia do nosso matrimônio. Já que ele morava em Boston e nós tínhamos fincado residência em Minas Gerais, escolhemos uma data em comum acordo.

A notícia do pastor dos Estados Unidos que viria realizar a celebração espalhou-se rapidamente pela pequena cidade aguçando a curiosidade do povo. Daí a razão por ter tantos desconhecidos entre os amigos e familiares convidados. O que, a princípio, poderia ter resultado em uma situação desagradável, efetivamente, foi uma bênção já que muitas pessoas tiveram a oportunidade de ouvir a Palavra de Deus de maneira tocante, intimista e, ao mesmo tempo, evangelística através da mensagem pregada pelo pastor. Eu confesso que fiquei muito feliz porque os meus familiares, entre eles o meu pai e meu irmão, tiveram a chance de ouvir falar do amor de Deus no dia das minhas núpcias.

O casamento foi lindo e impactante. Para qualquer lugar que se olhava, podiam-se observar pessoas com os olhos marejados.

Por vários momentos a doçura da solenidade em que nós proferimos publicamente juras de amor eterno foi entrecortada pela voz silenciosa da ausência. Eu me sentia realizada, mas havia um nó na minha garganta chamado saudade.

A mamãe, alegre e festiva como só ela, teria participado ativamente de cada momento da festividade. Certamente, ela iria me ajudar a escolher o vestido, os acessórios, os tons da maquiagem. Consigo até imaginar os conselhos que ela me daria ao pé do ouvido enquanto arrumasse os meus cabelos e ajeitasse a longa cauda do meu vestido que se arrastaria pelo chão durante a marcha nupcial.

Se, por um lado, me faltou a presença da mamãe, por outro, o papai me conduziu lindamente ao altar com olhos brilhantes e mãos trêmulas. Metódico como costumava ser, ele não encontrou na redondeza um terno que o satisfizesse e mandou fabricar a indumentária exclusivamente para o casamento em uma alfaiataria da região.

Ele estava sério e parecia um pouco nervoso. Que pai não estaria? Compartilhávamos silenciosamente um sentimento agridoce. A ausência da mamãe, latente e acentuada pela semelhança física entre nós duas, não impediu, no entanto, que estivéssemos jubilosos pelo matrimônio.

O papai sorriu no momento em que me entregou ao Victor e abraçou-o intercalando fortes tapas nas costas, como os homens costumam fazer. Eu me atrevo a imaginar que nesse momento ambos se lembraram do dia em que o Victor foi visitá-lo em Muriaé e, à moda antiga, pediu a minha mão em casamento. De um jeito meio truculento, meio baqueado pela bebida, o papai aceitou o pedido, mas fez uma única e importante recomendação: "Você precisa verdadeiramente amar a minha filha".

Sim, estávamos deveras felizes. Apesar de todos os problemas, eu nunca duvidei do amor e cuidado que os meus pais tinham pela família e, principalmente, um pelo outro. Agora, seria a minha vez de colocar em prática o exemplo de amor conjugal que eles me ensinaram na infância.

Ao fim da cerimônia, o pastor impetrou a bênção apostólica sobre nossas vidas. Nossa união estava selada. Deus, fiel e justo, havia cumprido sua promessa de tantos anos atrás. Quantos caminhos percorri desde o dia em que ouvi a voz de Deus me falar, claramente, que o Victor seria o meu marido até o momento em que, de fato, isso aconteceu. Fechava-se um ciclo de vitória!

Saí da república de estudantes onde eu morava e me mudei

para o apartamento do Victor em Viçosa. Descobri a felicidade no casamento através de um marido atencioso e trabalhador. O Victor me apoiou em todo o tempo e garantiu, enquanto foi preciso, o suporte moral e financeiro que eu necessitava para dar continuidade ao curso de Nutrição.

Por causa das inúmeras atribuições que eu já tinha assumido durante o início do meu curso de graduação, continuei estudando muito de manhã à noite. Além da bolsa de pesquisa para Nutrição do PET, eu passei a trabalhar com a população idosa no Programa de Atendimento à Terceira Idade (PRATI) que, mais tarde, me serviu como base para o desenvolvimento da minha monografia sobre Condição Socioeconômica Nutricional da população atendida no Serviço Público de Viçosa-MG e permitiu a publicação de um dos meus primeiros artigos científicos[1]. Eu estava muito satisfeita com o rumo que minha vida acadêmica estava tomando. Eu tinha encontrado a minha vocação profissional e todo o tempo e esforço dedicados eram extremamente gratificantes.

Por sua vez, o Victor empenhou-se arduamente no trabalho como professor no curso de inglês. Em pouco tempo, ele teve o reconhecimento dos alunos que, muitas vezes, pediam nominalmente para serem inscritos na turma dele. Ele também passou a dar aulas de inglês no Anglo, um cursinho pré-vestibular da cidade. Mesmo cansado depois de um longo dia de serviço, ele me servia com amor, atendia a todos os desejos do meu coração e cuidava de mim com zelo. Nós vivíamos muito bem um para o outro e cada dia mais crescendo no Senhor.

1   CAMPOS, Maria Teresa Fialho de Sousa; MONTEIRO, Josefina Bressan Resende; ORNELAS, Ana Paula Rodrigues. Fatores que Afetam o Consumo Alimentar e a Nutrição do Idoso. Revista da Nutrição. Campinas, vol 13 nº 3, p. 157-165, 2000. Disponível em http://dx.doi.org/10.1590/S1415-52732000000300002. Acesso em: 11 de maio de 2015.

Simultaneamente, o desejo de conhecer mais a Deus foi se tornando parte essencial da vida do Victor. Em qualquer lugar que estivéssemos, ele procurava uma livraria evangélica para novas aquisições bibliográficas. Pouco a pouco, os seus livros com teor cristão passaram a dividir espaço nas prateleiras da nossa casa com os meus livros de Nutrição.

O ardor do Victor pela obra de Deus ficou cada dia mais visível. Mesmo em nossas viagens de férias dedicávamos parte do tempo em visitas às igrejas locais. Em Viçosa, ele se colocou à disposição do pastor para o serviço da casa de Deus, sempre sedento para aprender mais da vida cristã. Em pouco tempo ele foi separado ao diaconato.

Estávamos no ano de 1996 quando o pastor Getúlio perguntou se o Victor aceitaria exercer o cargo de diácono na igreja local. Em uma cerimônia rápida, mas significativa, o pastor leu um texto bíblico destacando a responsabilidade e características do diácono e perguntou se o Victor estava disposto a devotar-se aceitando essas condições. Uma vez que o Victor assentiu, o pastor me perguntou se as atitudes do meu marido em casa condiziam com a maneira que ele se portava na igreja.

Graças a Deus, o Victor sempre foi uma benção na minha vida. Amoroso e centrado, ele se tornou o meu porto seguro em meio às ondas violentas com que a vida me atingira. Todas as dúvidas em relação ao seu sentimento e fidelidade haviam ficado, definitivamente, no passado. Eu tinha total segurança no amor que sentíamos um pelo outro e na nova vida em Jesus que tínhamos escolhido para nós.

Enquanto o pastor seguia com a separação e consagração de obreiros, me lembrei das promessas de Deus durante minha estadia em Boston. Naquela mesma noite em que levamos o pastor Geziel para pregar aconteceu algo que, até então, parecia uma profecia pouco provável de se realizar, mas como disse o apóstolo Paulo: "As coisas que o olho não viu, e o ouvido não ouviu, e não subiram ao coração do homem, são as que Deus preparou para os que o amam".[2]

Próximo ao término do culto daquela noite de inverno nos Estados Unidos, o pastor Geziel convidou uma pessoa qualquer que gostaria de servir a Deus como missionário que se aproximasse da tribuna. Com a incumbência de levar a Palavra aonde quer que Deus a conduza, o missionário precisa se dedicar à evangelização e pregação da fé. Para minha surpresa, rapidamente, o Victor atendeu ao chamado com o coração ardendo como brasas de fogo. Assim que ele se aproximou, o pastor pediu que alguém buscasse a Bíblia que ele havia deixado no púlpito antes de descer da plataforma.

— Você pode ler o nome que está escrito no papel dentro da Bíblia, por favor? — ele pediu gentilmente ao irmão que se dispôs a buscar a Bíblia no púlpito.

— Victor! — a pessoa leu em voz alta.

Todos os presentes naquela reunião ficaram maravilhados! O nome do Victor já estava escrito desde o início do culto, muito antes daquele apelo. À época parecia inacreditável que aquele rapaz que foi adepto do espiritismo, dado ao uso farto de álcool e drogas e propenso às folias mundanas pudesse, algum dia, se tornar um pregador do Evangelho.

Contrariando todas as expectativas, Deus carimbou a chamada sacerdotal do Victor naquela noite de 1995 em Boston. E, apenas um ano depois, o pastor Getúlio deu início a sua trajetória ministerial quando o separou para o diaconato da igreja. Já em 1997, o Victor

---

2   I Coríntios 2:9 na versão Almeida Corrigida e Revisada Fiel.

seria separado ao presbitério e, a partir daí até o ano 2002, ele exerceria atividades na área da Educação Cristã como professor da Escola Bíblica Dominical e da Escola de Educação Teológica das Assembléias de Deus (EETAD), além da liderança da mocidade. Anos mais tarde, ele seria consagrado ao ministério pastoral pelo Apóstolo Ouriel de Jesus quando a profecia se cumpriria completamente.

Eu havia alcançado o sexto período do curso de Nutrição quando consegui instigar o Victor a perseguir uma carreira universitária paralela ao serviço do reino de Deus e ao professorado. Convencido, mas sem muito entusiasmo, ele juntou-se ao seu irmão Raul – que nessa época havia se mudado dos Estados Unidos para o Brasil – e ambos fizeram o vestibular no fim de 1997. Acarretados de trabalhos e atividades da igreja, nenhum dos dois teve tempo para se dedicar aos estudos.

Ciente de que os filhos fariam as provas em poucas semanas, minha sogra se comprometeu a fazer três dias de jejum, alimentando-se apenas de pão e água. Quando saiu o resultado do vestibular, os dois irmãos haviam sido aprovados para o curso de Letras da Universidade Federal de Viçosa. Não é nada fácil conseguir uma vaga em uma universidade federal. As pessoas passam anos de suas vidas se preparando para o vestibular. Mesmo sem estudar adequadamente, o Raul passou em 21º lugar e o Victor em 23º. Para mim, essa foi uma experiência extraordinária!

Por ter vivido um longo período nos Estados Unidos, o curso de Letras contribuiu imensamente para aprimorar o conhecimento do Victor sobre a Língua Portuguesa. Além disso, os estudos sobre História, Religiões e Literatura despertaram-lhe grande interesse e cooperaram nas atividades que ele já exercia como professor. Nessa época, o Victor continuou trabalhando em dois empregos, cursando a universidade à noite e, ainda, servindo a Deus e ao exercício do seu chamado na igreja nos fins de semana.

Simultaneamente a tudo isso, eu lidava com os altos e baixos da vida do papai. Por vezes, ele ficava semanas sem beber para, de uma hora para outra, sucumbir novamente ao vício.

Desde a morte da mamãe, meu pai teve vários relacionamentos corriqueiros. Infelizmente, em nenhum deles o papai encontrou o auxílio, a afeição e a força que ele precisava para reconstruir a sua vida. Muitos desses envolvimentos românticos tiverem origem entre copos de pinga nas mesas dos bares.

É verdade que as mulheres com quem o meu pai se relacionou recebiam migalhas do seu amor, já que o coração dele nunca deixou de pertencer à mamãe. Em contrapartida, essa posição desfavorável era tolerada em troca dos benefícios econômicos advindos da relação. Nas fases de sobriedade, papai se livrava de todos os casos, mas quando absorto pelo álcool, ele se envolvia novamente em relacionamentos superficiais e sem compromisso.

Eu me preocupava muito com o papai e, depois que conheci a Jesus, passei a orar por ele todos os dias. Mais do que nunca, eu agora entendia que o meu pai precisava de Deus em primeiro lugar na sua vida. Eu havia testemunhado o poder transformador do Espírito Santo na vida da Dora, do Victor e na minha própria vida. Eu sabia que o Senhor era o único que poderia libertar o meu pai do vício.

Papai passou a ter alucinações frequentes. Ele acreditava piamente nos problemas imaginários que ele criava porque, de fato, ele percebia com os seus próprios sentidos algo que não era real para os demais.

Eu me lembro de uma certa vez em que conversávamos sobre esse assunto na sala de seu apartamento em Muriaé. Eu queria entendê-lo um pouco melhor para, quem sabe, ter condições de ajudá-lo.

— Pai, por que você sempre fica deitado no sofá da sala com a luz o tempo todo apagada?

— Ah, Ana Paula, você não sabe dos meus problemas...

— Que problemas, pai? Me explica, então.

— Olha, eu estou aqui aparentemente calmo porque eu tomei uma grande dose de calmante. E é por isso que eu não estou tremendo mas, dentro de mim, parece um circo. Você não tem noção do que está dentro de mim, filha.

Realmente, eu não poderia compreender a magnitude de tudo o que ele passava, mas agora, eu tinha conhecimento de que forças demoníacas queriam destruí-lo. Nesse mesmo dia, eu orei por ele repreendendo os demônios. No momento da oração, percebi a veia do seu pescoço saltar e pulsar fortemente.

Por diversas ocasiões o meu coração foi dilacerado pelas atitudes irreconhecíveis que o meu pai tomava nas fases de bebedeira. Uma vez, para o meu assombro, eu o vi jogar de propósito um punhado de comida ao chão. Depois de olhar firmemente nos meus olhos com um ar austero de enfrentamento, ele se agachou, pegou o alimento do chão com a mão e levou-o à boca.

Eu ficava embasbacada com cada uma dessas reações do papai. Em toda a minha vida, eu jamais poderia pressupor um dia ver o meu pai se deteriorar a um grau de tamanha humilhação.

Outra vez, depois de várias tentativas frustradas de encontrá-lo em seu apartamento, descobri que o papai estava dormindo há dias em um bordel de Muriaé. Incrédula, eu fui atrás dele disposta a tirá-lo à força, se fosse preciso. Encontrei-o, à tarde, vagando a pé na beira da estrada que levava ao bordel. Perguntei sobre o seu automóvel e ele acabou me confessando que tinha deixado nas mãos de traficantes.

Que loucura! Essas atitudes não condiziam com a personalidade do meu pai. Durante os anos, ele foi sendo degradado moralmente por Satanás. Todos os seus valores, crenças e reputação foram destruídos. Nas fases de abstinência, ele se envergonhava muito do que havia feito ou, outras vezes, tinha apagamentos de memória e não se lembrava de absolutamente nada do que tinha acontecido.

O papai recebeu a notícia da minha conversão de maneira ambígua. Por vezes, ele me ouvia falar de Jesus silenciosamente e abraçava as mudanças na minha vida com positividade. Em outras ocasiões, porém, ele deixava muito claro a sua desconfiança e oposição. Me parece até que ele tinha um certo ciúme da minha vida com Deus.

Por diversas vezes, quando eu e o Victor nos retirávamos para um quarto depois de passar o dia com o papai em seu apartamento em Muriaé, ouvíamos passos pelo corredor. De repente, o barulho cessava e tínhamos a nítida impressão de que o papai colocava o ouvido na porta para escutar se estávamos orando ou o que estávamos conversando.

Um dia, já depois de casada, eu fui visitá-lo sozinha. Estava sentindo muita saudade dele e, como o Victor andava muito ocupado, eu fui na frente e combinei de nos encontrarmos horas depois. Quando cheguei, a primeira reação que o papai teve foi de surpresa ao me ver desacompanhada. Ele desaprovou minha atitude e disse que, uma vez casada, eu não deveria andar por aí sem o meu marido.

Arredia ao que ele falou, eu preferi ficar calada para não provocar nenhuma briga já na minha chegada. Após poucos minutos de conversa, o papai me disse que estava pensando em vender os apartamentos que ele tinha comprado para mim e meu irmão.

Eu perguntei muito ressabiada:

— Mas, por que esse desejo de vender os apartamentos se você comprou para mim e o Rodrigo?

Quando eu terminei de falar, o seu rosto se transformou e, com a voz alterada e um olhar de ironia, ele soltou impropérios duvidando da minha transformação e caráter:

— Eu sabia que você não tinha se convertido. Você ama o dinheiro. Isso tudo é uma farsa!

Depois de me sentir tão humilhada pelo meu pai, eu segui para um quarto, tranquei a porta, dobrei os meus joelhos e falei com Deus em uma oração entrecortada por soluços:

— Senhor, o que está acontecendo? Isso é uma cilada do Diabo? Eu não estou entendendo...

E o Senhor me respondeu:

— Eu sou o seu Deus. Nada que é seu lhe será tirado. Peça perdão ao seu pai. Você não deveria ter falado nada porque uma herança tomada antes do tempo é maldita. E, se ele tem desejo de vender o que ele comprou para você, ele tem todo o direito porque ainda não é seu.

Ferida com as palavras do papai, mas arrependida do que eu havia dito eu conversei com ele conforme Deus havia me orientado. Eu esperava que, imediatamente, ele compreendesse, mas para a minha frustração, ele continuou me olhando desconfiado. Nesse momento, eu já não sabia se era o meu pai, se era o próprio Satanás ou se eram demônios que estavam agindo na vida nele. As mudanças na sua personalidade eram evidentes.

Contrariando a conduta do pai amável de outrora, ele apenas me disse:

— Olha, o seu marido vai chegar a qualquer momento e eu quero que você pare de chorar.

Aquele não era o meu pai... o *meu* pai me protegia, cuidava de mim e não me expunha daquela maneira. Me senti sozinha e esperei com ansiedade a chegada do Victor que, imediatamente, me tirou de Muriaé e me levou para a casa dos meus avós em Eugenópolis.

Esses altos e baixos da vida do papai me faziam buscar mais a Deus. Eu me entristecia muito com as palavras duras e atitudes, muitas vezes, cruéis que o papai tinha comigo, mas eu o amava. Ele era o meu pai e o que eu mais queria era vê-lo transformado.

Inúmeras vezes, eu pensava na mamãe e em toda a trajetória espiritual que ela teve em busca de Deus. Ela seguiu por tantos caminhos obscuros e, por vezes, contraditórios que eu temia que ela nunca tivesse tido a chance de encontrar Jesus como Salvador. Me doía a alma profundamente só de imaginar que a mamãe, além de todo o sofrimento que ela passou nessa terra, tivesse a eternidade longe de Deus. Por isso mesmo, eu não estava disposta a abrir mão do meu pai. Eu tinha o desejo de vê-lo servindo a Deus. Eu até sonhava com ele na igreja usando o mesmo terno do meu casamento e trabalhando para o Senhor como diácono.

Certa vez, eu confessei em oração para Deus que eu amava mais o meu pai do que a Ele. Até esse momento da minha vida, ainda não era possível obedecer ao mandamento de amar a Deus sobre todas as coisas. E, eu pedi que o Senhor me ensinasse a amá-lo em primeiro lugar. O que aconteceu depois disso foi que Deus endureceu o coração do meu pai ainda mais ao ponto de, um dia, ele me receber com desprezo na porta da sua casa. Ele me mandou ir direto para o banheiro tomar banho porque não suportava o meu perfume.

Foram diversas ocasiões em que o papai já não parecia o mesmo. Ao longo dos anos, ele se transformou em alguém que ele jamais poderia imaginar ou admitir. O pai da minha infância já não tinha nada a ver com a pessoa que ele tinha se tornado. Um dia, ele me perguntou se Deus era mais importante do que ele na minha vida.

— É, sim, pai. Eu amo a Deus mais do que eu te amo. Eu amo muito o senhor, muito mesmo, e o senhor sabe disso. Mas, se o senhor me pedir alguma coisa que vá de encontro a um mandamento de Deus, eu vou obedecer a ele.

Naquele dia eu consegui confessar algo que se tornou factual na minha vida. Deus me provou que um pai e uma mãe só podem verdadeiramente amar um filho se estiverem cheios do Espírito Santo.

Aquele pai que me amou tanto quando eu não tinha o Senhor na minha vida, agora já não conseguia cuidar de mim, não era capaz de me dar um elogio sequer, não conseguia nem mesmo me abraçar. De sua boca, saíam apenas palavras duras. Perturbado, às vezes endemoniado, destruído pelo alcoolismo e relacionamentos banais que o envolviam em feitiçaria.

Meu pai se transformou em um homem de bares que passou a se relacionar apenas com pessoas tão infelizes e problemáticas quanto ele.

Com o passar do tempo, a dependência alcoólica causou danos no fígado do papai. Embora, de modo geral, ele não tivesse nenhuma doença crônica, os anos de bebedeira impactaram a sua saúde física em diversos momentos de sua vida. O papai foi tratado algumas vezes na fase inicial do desenvolvimento de cirroses[3] e esteatoses hepáticas[4].

Há muitos anos, antes mesmo do início do abuso do álcool, o papai teve parte do fígado necrosado devido a um quadro de esquistossomose[5]. Além disso, antes da morte da mamãe, ele precisou passar por uma cirurgia para a remoção da vesícula – órgão que armazena a bílis produzida pelo fígado. Ou seja, todo esse quadro preexistente mais a ingestão desordenada do álcool pode ter-lhe agravado as doenças do fígado.

Já tínhamos passado da metade do ano de 1997 quando o papai procurou um gastroenterologista para cuidar, mais uma vez, de doenças hepáticas. O Dr. Olinto exigiu uma biópsia do fígado, o que me deixou muito preocupada. Nessa mesma época, eu cursava a disciplina de Patologia na universidade, o que me deixou ainda mais alerta para os sinais na saúde do papai. Observei que ele estava com a barriga muito inchada e com varizes que poderiam ser sintomas de cirrose. Como ele vivia uma fase de abstinência, a nossa relação passava por um período sereno e sem desavenças, o que facilitava o nosso diálogo .

Liguei para o papai e perguntei pelo resultado do exame e ele disse que estava tudo bem. Tenho dúvidas se ele mentiu para me proteger. Certamente, eu ficaria muito nervosa se soubesse do diagnóstico de cirrose. Além disso, havia algo que eu tentava esquecer, mas que sempre voltava à minha memória nos últimos meses.

---

3   Cirrose: Doença fatal que afeta o desempenho funcional do fígado.
4   Esteatose hepática: acúmulo de gordura nas células do fígado.
5   Esquistossomose: doença causada por um parasita e transmitida através de um caramujo de água doce.

Por volta do mês de junho desse mesmo ano, a minha sogra me ligou dos Estados Unidos para falar que Deus havia revelado algo melindroso para ela e que eu deveria preparar o meu coração para quando isso acontecesse:

— Deus me falou que vai levar o seu pai, Ana.

Ao que eu respondi que eu esperava por um milagre, uma transformação na vida dele, ela continuou:

— Minha filha, infelizmente, ele não tem mais estrutura para servir a Deus. O Senhor vai prepará-lo e ceifar a vida dele na terra.

Ao desligar o telefone eu senti como se uma bomba tivesse explodido dentro de mim. O que eu mais desejava na minha vida era que o meu pai aceitasse a Jesus como Salvador. Eu queria que ele soubesse e experimentasse o poder restaurador do amor de Deus.

Depois que a Dora lançou essa palavra, eu passei a orar especificamente para que isso não se cumprisse. Eu pedia a Deus que não levasse o meu pai, mas que ele pudesse viver o extraordinário de Deus na terra. Aquela profecia tinha, definitivamente, me deixado muito abalada.

A não ser pelo tal exame, o papai estava bem de saúde e sem beber. Vivíamos uma espantosa temporada de tranquilidade. Como eu poderia acreditar que ele iria morrer? Mas aquela palavra... sabe quando você fica esperando que algo de ruim aconteça a qualquer momento? Eu pensava que poderia acontecer algo relacionado à saúde dele e, por isso mesmo, estava tão ansiosa pelo resultado da biópsia que eu nunca tive em minhas mãos para conferir.

De qualquer maneira, eu aproveitei esse momento de abertura entre nós e tentei convencê-lo a se internar, dessa vez por conta própria, em uma clínica de recuperação.

— Pai, ouvi falar de uma clínica aqui em Minas mesmo, em Juiz de Fora. Eu acho que o senhor deveria ir para lá, pai. O senhor precisa se cuidar.

Ele foi e participou do programa de recuperação por vários dias. Depois de um tempo, ele me disse que não achava justo ter tratamento diferenciado dos demais por causa de sua condição financeira. Cabisbaixo e desiludido, ele me falou que iria voltar para casa.

— Olha, minha filha, eu vou embora daqui. Eles não podem me ajudar; ninguém pode me ajudar. O que eu preciso é que sua mãe vivesse novamente. Esse é o meu problema de verdade, mas não tem como sua mãe viver.

Eu até tentei persuadi-lo, mas ele estava decidido.

Passaram-se mais alguns dias e, para minha surpresa, o papai continuou sem beber mesmo depois de ter deixado voluntariamente a clínica. No dia 30 de outubro de 1997 eu me preparava para uma prova de dietoterapia quando dei uma pausa nos estudos e liguei para ele. O que eu não sabia é que essa seria a última vez que eu ouviria a voz do meu pai.

Capítulo 9

A MORTE DO PAPAI

Pai para os órfãos e defensor das viúvas é Deus em sua santa habitação. Deus dá um lar aos solitários, liberta os presos para a prosperidade.

(Salmos 68:5,6)

Cheguei bem cedo à biblioteca de Viçosa para o segundo turno do Simpósio de Nutrição. Olhei para o relógio no meu pulso que marcava exatamente 13h15. Pensei, meio desanimada, que eu ainda teria que esperar até às 14h quando as palestras recomeçariam. Eu já tinha almoçado e passei o tempo restante vagando pelo átrio do grande salão, examinando os vários pôsteres de resultados das pesquisas realizadas até que o evento se reiniciasse, o que aconteceu no horário previsto.

Antes mesmo que o relógio marcasse 15h, recebi um recado por uma colega que o Victor me aguardava do lado de fora do prédio e precisava falar comigo com urgência. Saí da sala e me deparei com o semblante abatido do meu marido.

— O que foi Victor? — fui logo perguntando ao notar que algo estava fora do normal.

— Você precisa vir comigo porque o seu pai está no hospital, Ana. Ele está muito mal. O seu tio me ligou e disse que...

— Mas o que aconteceu de tão grave desde a última vez que conversei com o papai ontem? — eu o interrompi.

— Ana, não sei...

— Mas ele estava tão bem, Victor.

Entramos no carro e seguimos imediatamente para casa. Durante o percurso, orávamos ardentemente porque sentíamos no espírito que havia algo de muito errado acontecendo.

Ao entrar pela porta de casa, me deparei com meu irmão aos prantos. Antes que eu pudesse falar qualquer coisa, ele me deu a notícia estarrecedora: "O papai morreu".

Uma dor profunda tomou conta da minha alma. Aquela informação não parecia real. Eu tentava inutilmente me recompor após o choque inicial, mas um turbilhão de dor se remoía dentro de mim.

Ainda alarmada pela notícia, telefonei para o apartamento do papai à procura de uma explicação do que poderia ter acontecido.

Como o papai teria morrido tão repentinamente? Até esse momento, ninguém havia tido coragem de me contar o que, de fato, ocorreu.

Assim que a namorada do papai atendeu o telefone, eu fui direto ao assunto sem delongas. Ela morava com ele no apartamento e estava presente na hora do "acidente".

— Meu pai morreu de quê?

E, então, para o meu completo terror, ela me disse que o papai pulou no vão da escada do quinto andar (o que, na prática, equivaleria dizer a altura de sete pisos por causa do estacionamento e *playground*, aproximadamente 21 metros).

Fiquei paralisada! Sentei no sofá da sala visivelmente aterrorizada pelo que eu tinha acabado de ouvir. O Victor e o Rodrigo me perguntaram ao mesmo tempo:

— Morreu de quê, Ana? O que ela falou?

Eu repeti o que ouvi, ainda sem acreditar nas palavras que eu estava pronunciando. No fundo, eu desejava que aquilo não passasse de um pesadelo.

Ao ouvir o motivo da morte do papai, o Rodrigo imediatamente me perguntou:

— Ele está na Glória, né, Línea?

Eu não sabia, mas me lembrei de quando Abraão a caminho de sacrificar o seu próprio filho disse, pela fé, que Isaque voltaria com ele após o holocausto.

— Sim, Rodrigo, ele está na Glória com Jesus.

Confesso que, naquele instante, eu não tinha essa convicção, mas no coração clamei a Jesus que me ajudasse a amparar a palavra que eu havia lançado.

Meu irmão e eu nos abraçamos em um choro compulsivo. Não precisávamos de palavras para compreendermos mutuamente a profundidade da dor que compartilhávamos. Da noite para o dia tínhamos nos tornado órfãos.

Se não bastasse o sofrimento de perder o meu pai, o meu coração se contorcia de dor pela forma como ele partiu. Suicídio, autoextermínio, autodestruição... você percebe o peso que essas palavras têm? Eu não conseguia aceitar. Me angustiava pensar na dor que ele teria sentido, mas o que mais me preocupava era imaginar que o papai poderia ter partido para a eternidade sem ter Jesus como salvador de sua alma.

Tentei relembrar nossos últimos momentos. Com o pensamento perdido, refiz cada detalhe da nossa conversa ao telefone no dia anterior. Não é possível que eu não tenha percebido nada de errado em sua voz. Eu não conseguia compreender. Por que isso estava acontecendo? Já não tínhamos sofrido o suficiente?

Por volta das 20h30 do dia anterior, eu senti um forte desejo de falar com o papai. Eu já havia conversado com ele durante a semana e precisava estudar para a prova de dietoterapia que eu faria na manhã seguinte, mas aquele desejo ardia no meu coração e eu resolvi atendê-lo.

O papai estava sozinho quando atendeu o telefone de casa. Depois das saudações triviais, conversamos bastante e, como ele me deu abertura, falei das coisas que enchiam o meu coração.

— Olha, pai, Deus tem um plano na sua vida, entende?

E, como eu tinha conhecimento que o Diabo o acusava da morte da mamãe, falei com ele das minhas recordações, tentando livrá-lo do tormento da culpa.

— Eu me lembro muito bem do dia do acidente. Eu estava acordada quando tudo aconteceu e eu sei que não foi sua culpa, pai. Eu sei que o senhor foi um bom marido para a mamãe porque eu estava lá, eu já era grandinha, eu me lembro de tudo isso. A mamãe te amava muito, pai, e o Rodrigo e eu também te amamos muito. Você é muito importante para mim.

Ele ouviu cada uma das minhas palavras sem rebater ou criticar. No final, ele apenas disse que estava tudo bem, mudou de assunto, e fez algumas recomendações de praxe sobre um depósito que ele havia feito na minha conta para o gasto mensal do Rodrigo que, nessa época, fazia cursinho pré-vestibular e morava comigo em Viçosa.

Eu nem desconfiava, mas naquele telefonema eu tive a chance de me despedir do meu pai. Você nunca sabe qual será a última vez que estará com as pessoas que ama. Essa foi a derradeira oportunidade que eu tive de conversar com o meu pai. Eu ansiava gravar na minha memória cada palavra que tínhamos trocado. Eu queria eternizar cada detalhe do nosso diálogo.

Agora o papai estava morto e nós precisávamos resolver as questões burocráticas de liberação do corpo e enterro. Enquanto o Rodrigo e eu nos amparávamos, o Victor telefonou para o nosso pastor que, imediatamente, veio ao nosso encontro. Como um pai espiritual, o pastor Getúlio foi conosco de Viçosa para o apartamento do papai em Muriaé, enquanto tentava encontrar as palavras de consolo adequadas no trajeto de quase duas horas até a cidade.

Assim que chegamos, o Victor e o pastor Getúlio seguiram para a Casa de Saúde Santa Lúcia. O Rodrigo e eu preferimos ficar no apartamento do papai, ruminando o que teriam sido os passos finais de sua vida.

Quando chegamos, a namorada do papai estava no apartamento junto com amigos e parentes. Pedimos que ela nos explicasse todas as minuciosidades do que tinha acontecido. No meio de todo aquele pesadelo, ela nos contou um fato muito interessante.

— O seu pai estava atormentado por algumas alucinações desde a manhã. Por volta de 10 horas, ele ligou para um pastor porque queria oração. Esse pastor só chegou aqui mais tarde, justamente no minuto em que o pai de vocês... vocês sabem.

— Quem é esse pastor? Eu preciso falar com ele. Onde está esse pastor? O que aconteceu quando o pastor chegou? — eu fazia uma pergunta atrás da outra pois queria entender como tinha ocorrido essa tragédia.

— Eu desci as escadas correndo — ela continuou —, e me deparei com esse pastor cuidando e conversando com o seu pai.

— Espera aí! Esse pastor *conversou* com o meu pai?

— Sim, foi ele quem levou o seu pai para a Casa de Saúde.

Eu precisava falar com esse pastor de qualquer jeito... eu precisava saber as últimas palavras do meu pai em vida.

Naquele momento a minha dor era tamanha que eu não tenho palavras para descrever. Sabe quando você só quer acertar? Sabe quando você não quer decepcionar a Deus com as suas atitudes? Consumida pelo sofrimento, a única alternativa viável para lidar com a tragédia sem perder a sanidade era confiar incondicionalmente na graça de

Deus.

Descobri que o papai havia se lançado no vão do prédio às 13 horas, por volta do mesmo horário em que eu estava voltando para a biblioteca após o almoço. Por que eu não estava pensando no meu pai nessa hora e clamando a Deus pela vida dele? Eu me perguntava aflita como se eu pudesse ter evitado aquela tragédia.

Eu pensava no meu pai todos os dias; eu tinha um propósito diário de oração pela salvação do meu pai; eu intercedia pelas necessidades espirituais dele dia após dia. Apesar tudo isso, os meus pensamentos não estavam nele na hora da sua morte.

Um dia o Senhor me respondeu que eu não estava pensando no meu pai no momento em que ele partiu porque eu não poderia adivinhar o que iria acontecer: "Você não tem conhecimento do que pode acontecer no dia de amanhã", Deus disse: "A vitória vem de mim somente".

Deus me ensinou a confiar nele em meio às calamidades da vida. Ele não dorme, nós dormimos; ele não falha, nós falhamos.

Vez por outra, uma onda de desespero me oprimia com tanta força que eu desejava gritar com todo o ar dos meus pulmões a injustiça que se abatera sobre minha vida. E, então, eu sentia a graça de Deus vir sobre mim como ondas suaves de amor e consolo. Somente pela graça eu consegui controlar a minha mente e o meu corpo.

Deus estava comigo como sempre esteve em cada passo da minha caminhada desde muito antes de eu abraçá-lo como meu Senhor e Salvador. Nos momentos mais difíceis da minha vida, ele nunca me abandonou.

Uma vez que o Victor conseguiu a liberação do corpo, fomos

para Eugenópolis onde o papai seria velado e enterrado no dia seguinte. Surpreendentemente, consegui passar por todo esse período de lamento sem tomar um único comprimido de calmante. Minha confiança estava em Deus.

Na manhã de sábado, me deparei com um apinhado de gente rodeando o esquife que jazia imóvel no meio da sala na casa da vó Maria. Mais uma vez tolerei prostrada a horrível sensação de ter as pessoas à minha volta tentando inutilmente me reconfortar. Voltei no tempo... me senti exatamente com onze anos de idade quando perdi a minha mãe.

Eu queria dizer para todas aquelas pessoas que, ainda, haveria uma vitória no final. Mas que vitória? Que final? Em poucas horas o meu pai seria enterrado em um desfecho trágico prenunciado por todos os anos de alcoolismo e depressão.

Me coloquei de pé ao lado do caixão. Olhei para o papai pela primeira vez desde que eu recebera a terrível notícia. Toquei em sua pele e senti a rigidez do seu corpo sem vida. Observei o único fio de cabelo branco que se destacava em sua sobrancelha escura. Me lembrei, com um sorriso triste no canto da boca, como ele costumava alisar esse pelo por horas a fio. Notei as unhas curtas de suas mãos grandes e bem cuidadas como se ele as tivesse aparado recentemente.

— Ai que dor! Ai que tristeza! Meu pai se foi... meu pai, meu pai, meu amado pai... Como eu te amo. Como você é importante para mim. Como eu vou viver sem você, pai?

Quando o Rodrigo se aproximou do caixão, tirei minhas últimas forças para alentar meu irmão que estava inconsolável. Mais uma vez tínhamos sido golpeados pela crueldade do destino.

Naquele dia, eu vi o meu menino de 17 anos – meu irmão querido – se desmoronar em um lamento profundo diante da insensatez da morte. O corpo do Rodrigo chacoalhava para frente e para trás movido pelo pranto de quem estava prestes a dizer o adeus definitivo ao seu bem mais estimado.

Aproximei-me do meu irmão e abracei-o como se ele fosse um filho gerado no meu ventre. E algo extraordinário aconteceu entre nós naquele flagrante de penetrante dor.

O Espírito Santo de Deus – aquele que a Bíblia chama de Consolador – passeou entre nós em movimentos circulares, acalmando nossos corações e aliviando a nossa angústia. Como um vento que partia do meu peito, o Espírito passava pelo Rodrigo e voltava para mim. Ele ministrou em nossas vidas com esse movimento contínuo o quanto foi necessário, renovando as nossas forças e acalentando as nossas almas dilaceradas.

Aos poucos, o choro compulsivo do meu irmão foi diminuindo até dar lugar a um gemido abafado. Então, eu fui tomada em línguas estranhas – uma língua que eu nunca havia falado anteriormente. Ao mesmo tempo em que eu falava em novas línguas, o Senhor me revelava a interpretação:

— Eu te amo Deus e não quero decepcioná-lo na minha dor. Se alegre em mim, Senhor, e eu me alegrarei em ti.

Deus me levou até a cozinha onde a minha avó se encontrava conversando com uma senhora. No instante em que eu me aproximei, essa senhora dizia para a minha vó que o meu pai estaria no centro espírita em pouco tempo. Imediatamente, fui tomada de uma autoridade espiritual e me voltei para ela com firmeza e disse:

— O meu pai não vai aparecer em lugar nenhum. A alma dele já está com Deus no Paraíso.

Eu continuava afirmando o que eu não sabia, mas esperava que o Senhor sustentasse a minha fé e tivesse ouvido todas as minhas orações anteriores pela conversão do papai.

Após falar com a senhora, eu me dirigi para a vó Maria e disse que eu queria que o meu pai fosse levado diretamente para o cemitério após o velório.

Era hábito da região que, depois que o corpo fosse velado em casa, ele seguisse em procissão pela cidade até a Igreja Católica e, só então, fosse encaminhado para o cemitério da cidade.

— Vó, ele conversou com um pastor minutos antes de entregar o seu espírito a Deus. Ele foi evangelizado em vida e até chegou a visitar uma igreja evangélica em algumas ocasiões. E a senhora sabe, vó, que o papai nunca foi católico praticante.

Então, eu continuei.

— Por tudo isso eu quero que o caixão do meu pai seja levado para o cemitério sem desvios e que o Victor realize a cerimônia fúnebre. Eu sei que a senhora também está sofrendo muito, mas eu quero que a senhora respeite o meu desejo.

O papai foi enterrado em um sábado pela manhã do primeiro dia do mês de novembro de 1997. O seu corpo foi levado diretamente para o cemitério da cidade e o Victor realizou a cerimônia fúnebre, conforme eu havia solicitado.

CAPÍTULO 10

UMA ONDA DE ESPERANÇA

Este é o meu consolo no meu sofrimento:
A tua promessa dá-me vida.

(Salmos 119:50)

No dia seguinte ao enterro, voltamos para nossa casa em Viçosa. Tomei um banho, troquei de roupa e já me preparava para sair quando o Victor me perguntou:

— Para onde você vai, Ana Paula?

Eu respondi resoluta:

— Eu vou para o ensaio do conjunto das irmãs.

Sim, eu estava arrebentada por dentro, mas acreditava que o melhor lugar para lidar com a minha dor seria na casa de Deus. Eu queria passar o meu luto na presença do Senhor. Eu cria que lá eu encontraria o consolo que eu precisava por não ter mais o pai que cuidava e se ocupava de mim com amor.

Semelhantemente, segui para a universidade na segunda-feira e fiz a minha prova de dietoterapia com a alma sangrando.

Ao avistar o telefone público na saída do pavilhão de aulas da Universidade, eu me lembrei do meu pai. Era de lá que eu fazia os telefonemas quase diariamente para ele.

Durante muito tempo, toda vez que eu colocava minha cabeça ao travesseiro e sentia o cheiro dos meus cabelos, era nele que eu pensava e era o cheiro dele que eu sentia. Tínhamos o mesmo aroma no couro cabeludo.

Inúmeras vezes, eu sonhei com o papai.

Em outras ocasiões, eu me sobressaltava imaginando a dor que ele havia sentido quando suas costelas perfuraram os seus órgãos até levá-lo à morte.

E eu senti ódio de Satanás. Senti muito ódio pela destruição que ele trouxe para a minha família.

— Senhor, enquanto eu viver quero destronar o reino das trevas — eu disse em uma oração silenciosa, mas contundente.

E continuei:

— Eu quero pregar o teu evangelho para que as pessoas parem de se destruir. A dor que eu sinto na minha alma é muito grande. Eu sei, Senhor, que tu podes curar a ferida, mas as cicatrizes sempre existirão na alma dos que padecem.

Na semana seguinte ao enterro, liguei para o pastor que esteve com o meu pai momentos após a catástrofe. Depois de me identificar, perguntei sobre o que tinha acontecido naquele dia, ao que ele respondeu:

— Recebi uma ligação na manhã da sexta-feira para visitar o seu pai que estava atormentado. Eu já tinha feito outras visitas e conversado com ele muitas vezes. Decidi que iria vê-lo, claro, mas eu passei na feira primeiro e, só depois, segui para o apartamento onde ele morava.

Após uma leve pausa, ele prosseguiu:

— Cheguei ao prédio por volta de uma da tarde. Estava na portaria aguardando o elevador quando ouvi um barulho nas escadas. Ao abrir a porta de aço que dava acesso às escadarias, eu me deparei com o seu pai subindo os degraus de volta para o apartamento. Eu não sabia o que havia acontecido mas, nesse momento, alguém desceu as escadas falando que ele havia pulado.

Como que arrependido, segundo contaram para o pastor, o papai teria conseguido segurar-se por um pouco de tempo nas barras de ferro da escada. O peso do seu corpo, porém, o lançou para baixo. Foi nesse momento que o pastor ouviu o barulho na escada e foi ao seu encontro.

— Quando eu me aproximei, percebi que o seu pai não estava nada bem... notei uma cor estranha nos olhos dele. Então, o Espírito Santo do Senhor me falou claramente que a alma do seu pai estaria sendo julgada e que eu deveria falar com ele sobre o ladrão da cruz.

E continuou:

— Obedecendo à voz de Deus, eu disse para o seu pai que o ladrão na cruz não teve tempo de servir a Jesus, mas que a Bíblia afirma que ele foi salvo porque aceitou o sacrifício do Mestre no último suspiro de vida. Disse também que se o seu pai recebesse a Jesus como Salvador, ele estaria com Cristo no Paraíso naquele mesmo dia.

Quando ouvi essas últimas palavras, não contive o choro. Fui sobressaltada por uma onda de esperança.

— O seu pai recebeu socorro rapidamente. Eu mesmo o levei para a Casa de Saúde. Os médicos tentaram reanimá-lo em vão.

Terminei a conversa com o pastor chocada por todos os detalhes, mas um tanto aliviada e agradecida. Saber de tudo isso suavizou a angústia da minha alma.

Fiquei pensando em tudo o que eu ouvi e me lembrei do momento, há poucos meses, durante uma oração com os jovens da igreja em um monte da cidade de Viçosa, em que Deus havia me mostrado o meu pai posicionado atrás de mim. O seu corpo, porém, tinha tomado forma de caveira como se o espírito da morte estivesse perseguindo-o. Também lembrei-me da profecia entregue pela Dora em que Deus prometeu preparar o meu pai antes de levá-lo para junto a si.

O resultado da autópsia demonstrou que o meu pai não havia tomado nenhum tipo de medicamento ou bebida alcoólica. Ele morreu consciente, sem nenhum dano cerebral. Tentei me agarrar à esperança de que, com a sua mente sã, ele teria aceitado a Jesus na última oportunidade que teve em vida, mas ainda restavam algumas dúvidas no meu coração.

Aproximadamente um mês depois, a morte do papai ainda era uma ferida aberta. Em uma certa noite fui com dificuldade até o seu apartamento em Muriaé para apanhar alguns documentos. Como era difícil estar nesse lugar sem a presença do meu amado pai.

A noite havia caído e eu segui para a varanda do apartamento. Observei a altura da sacada até o chão. Então, voltei os meus olhos em direção ao céu estrelado e clamei mais uma vez ao Pai celestial no meu espírito:

— Meu Deus, que tragédia! Por quê?

Exatamente como aconteceu no dia do acidente de automóvel anos atrás, ouvi uma voz na minha retaguarda dizendo:

— Está escrito em Mateus 28 que os soldados receberam muito dinheiro dos anciãos para dizer: "... vieram de noite os seus discípulos e, dormindo nós, furtaram seu corpo (...) E foi divulgado este dito entre os judeus, até ao dia de hoje[1]". Por causa disso, os judeus não creem que eu ressuscitei, mas eu e Satanás sabemos que eu ressuscitei! Eu venci a morte! O controle da chave da morte e da vida está em minhas mãos.

Sozinha na varanda, eu fechei os meus olhos enquanto o Senhor continuava falando comigo. Eu não tive coragem de virar-me e ver o seu rosto, mas eu sentia no meu espírito que era o próprio Jesus quem se fazia presente.

—Também está escrito que Nabote se recusou a vender a sua vinha para Acabe. Ele foi apedrejado até a morte por causa da calúnia de Jezabel que inventou que ele teria blasfemado contra o rei. Nabote morreu, sim, mas não vendeu a sua vinha, não permitiu que a sua herança se tornasse uma horta.

Ele continuou:

---

1   Mateus 28: 13, 15 na versão Almeida Corrigida e Revisada Fiel.

— Ouça bem o que eu vou te dizer: Finais tristes na terra, não significam derrota no Céu. E eu e Satanás sabemos que o seu pai está comigo.

Meu Deus, como eu te amo! Eu fui intensamente tocada por essa experiência sobrenatural com Jesus e chorei muito, muito, muito. Meu Deus é vivo. Meu Deus fala. Meu Deus se preocupa em conversar com o homem que o teme. Meu Deus dá explicação para o homem que o ama. Meu Deus ouviu, sim, minhas orações pelo meu pai desde a minha conversão e lutou pela alma dele até o fim. E venceu!

Ao final daquela ministração de Deus ao meu espírito, eu pedi ainda uma prova e fiz um desafio com Deus.

O Rodrigo e eu tínhamos tido uma reunião com o advogado do papai para acertarmos a divisão dos bens. Metódico como o meu pai costumava ser, não nos surpreendemos com o rumo tranquilo que a reunião tomou. No meio dos documentos, porém, encontrava-se um seguro de vida que o advogado deixou de lado. Segundo ele, uma das cláusulas invalidava o pagamento da apólice em caso de autoextermínio e seria impossível nós recebermos aquele dinheiro. De qualquer maneira, eu peguei o documento, juntei à certidão de óbito e laudo de ocorrência e levei tudo para o banco.

— Deus, para o homem é impossível, mas não para ti. Quero saber através deste seguro qual foi o teu laudo.

A certidão de óbito do papai indicava morte por hemorragia interna em decorrência das perfurações de seus órgãos causadas pelas costelas fraturadas. A ocorrência policial dizia "aposentado se lança do quinto andar do prédio..."

Cheguei na agência e entreguei a papelada para o caixa do banco. Do mesmo modo que o advogado, ele nos explicou que iria dar entrada ao seguro mas que, provavelmente, nós não teríamos direito àquele dinheiro por causa da tal cláusula referente ao suicídio.

Depois de algum tempo, recebi uma ligação do banco e, mais uma vez, me dirigi para a agência bancária acompanhada do meu irmão e meu marido. Assim que o funcionário colocou o nome do meu pai no sistema, ele virou a tela em nossa direção. Para a surpresa geral, ele nos disse que a seguradora determinou o pagamento por morte natural, a despeito de toda a documentação que nós havíamos providenciado.

Saímos do banco sob o olhar atônito de todos os funcionários e pessoas presentes na agência. A cidade inteira sabia do acontecimento. Nenhum dos funcionários conseguiu entender como, sem nenhuma fraude ou má-fé, nós recebemos o dinheiro do seguro de vida.

Comovida pelo laudo, eu não contive a emoção. Dessa vez, as minhas lágrimas eram de reconhecimento pela fidelidade de Deus. Fiquei maravilhada com o mover do Senhor.

Nesse dia todas as dúvidas se dissiparam e eu passei a crer incondicionalmente que o papai alcançou a salvação em Jesus. Carrego comigo a esperança de algum dia reencontrá-lo nas mansões celestiais. Não importa o que as pessoas dizem que aconteceu. Eu confio no laudo de Deus!

Eu entreguei o dízimo do dinheiro recebido à minha igreja em Viçosa e, com o restante, quitei o apartamento que o Victor e eu havíamos comprado na cidade.

Assim como eu me preocupei com a salvação do papai, por muito tempo depois que me converti verdadeiramente ao Evangelho de Cristo, eu tinha uma inquietação constante sobre o que teria acontecido com a alma da minha mãe depois de sua morte.

Uma vez perguntei para a vó Glorinha se algum crente teria visitado a mamãe durante os períodos de férias em que ela esteve em Eugenópolis. A vó afirmou categoricamente que sim. Mas eu ansiava por saber mais...

A minha convicção, baseada na fé cristã, é de que a morte terrena é apenas uma interrupção temporária da vida. Me angustiava não ter um sinal de que a mamãe passaria a eternidade com Deus.

Me lembro com tanta limpidez do tempo em que a mamãe esteve completamente sedenta de Deus. Será que, durante a sua busca em meio às diversas religiões, ela teria se deparado com o Cristianismo genuíno? Será que algum dia ela teria alcançado a justificação em Cristo Jesus?

Vez por outra, essas dúvidas pairavam na minha mente, até que Deus foi me indicando os sinais que trariam paz ao meu coração ao longo dos anos.

Houve uma ocasião, pouco tempo depois do meu casamento, em que eu estive remexendo velhos baús de lembrança na casa do papai. Levei para minha casa em Viçosa vários objetos da minha mãe que o papai guardava há tanto tempo. Eram documentos, certificados de conclusão de colégio e faculdade, fotos, livros etc. No meio disso tudo, eu encontrei um livro de cifras de violão.

Ao folhear as páginas do livro, uma folha solta caiu aos meus pés. Peguei o pedaço de papel e reconheci a grafia da mamãe. Ali, ela descreveu com detalhes a experiência de quase-morte vivida durante o período de coma após o acidente. Ela relatou nesse pequeno pedaço de papel que, enquanto inconsciente na cama do hospital, o seu espírito saiu do corpo e ela se viu entrando em um túnel escuro. Em outros momentos, ela dizia que o seu espírito voltava para o corpo e ela ouvia o que as pessoas conversavam em volta dela no quarto do hospital, mas se sentia impossibilitada de demonstrar qualquer reação.

Fiquei muito impressionada pensando no significado espiritual desse tipo de experiência.

Mais tarde, foi a vez de outro objeto me chamar a atenção.

Entre os pertences, encontrei uma agenda de 1986, mesmo ano em que a minha mãe descobriu a contaminação por HIV e veio a falecer seis meses depois. Nos primeiros meses dessa agenda, ela havia colado uma imagem de santo católico para cada dia do mês até julho, quando a colagem foi interrompida.

Na última página utilizada da agenda não havia santinho, mas ela tinha escrito à mão com lápis de cor vermelho e verde: "Hoje o Senhor Jesus passou em minha casa e purificou todo o meu sangue. Hoje Jesus passou na minha casa e me livrou de todo mal".

Por tudo isso eu glorifico a Deus! O meu coração se enche de esperança de um dia rever a minha mãe também. Me parece que a mamãe reconheceu, já no fim da sua vida, que as diversas religiões que ela experimentou não foram capazes de saciar a sede que ela tinha de Deus. É verdade que ela não alcançou a cura da sua enfermidade, mas quem sabe, tenha encontrado a salvação da sua alma através de Jesus? A Palavra de Deus diz que aquele que confessar ao Senhor Jesus será salvo[2]. Um dia saberei..

---

2   "A saber: Se com a tua boca confessares ao Senhor Jesus, e em teu coração creres que Deus o ressuscitou dentre os mortos, serás salvo", Romanos 10:9 versão Almeida Corrigida e Revisada Fiel.

***

Após a morte do papai, me peguei fazendo uma retrospectiva de toda a minha vida. Quantas perdas, dores e decepções aconteceram desde a minha infância perfeita no Rio de Janeiro até o dia em que enterrei o meu pai.

Faz parte do meu temperamento buscar compreensão de tudo o que acontece à minha volta de maneira lógica. O que eu não consigo compreender com a razão, eu aceito pela fé.

Cheguei a um ponto da minha vida adulta que eu já não tinha pai e nem mãe. Angustiada, eu me perguntava como seria viver dali para frente como órfã. E eu aceitei – pela fé – me empenhar para ter a melhor vida possível não sob o prisma do que me faltava, mas com a percepção latente do cuidado e bênçãos de Deus.

Não importa a idade; é óbvio que eu sempre sentirei a ausência dos meus pais. Com o tempo, porém, eu aprendi a administrar a falta que eles me fazem, mesmo sentindo a privação do amor que eles tinham por mim.

Depois que eu perdi a minha mãe, nunca recebi novamente a profundidade do amor maternal. Durante a minha vida, várias pessoas disseram me considerar como filha. Não me entenda mal. Eu sou grata pelo cuidado que eu recebi de todas essas pessoas, principalmente, das minhas tias e avós que, às vezes, tiveram que mudar suas vidas para acomodar a mim e meu irmão. Eu acredito que elas realmente me amaram e amam, mas não com amor de mãe. O vínculo que a mamãe e eu tínhamos nunca foi reproduzido integralmente em nenhuma outra relação. Em nenhum momento eu encontrei alguém com um amor tão profundo, gratuito e acessível como o amor que a mamãe tinha por mim.

Do mesmo modo, em tempo algum encontrei alguém que me proporcionasse a segurança de um pai, principalmente, a estabilidade e confiança que o papai me garantiu antes de cair cativo na armadilha do alcoolismo.

Graças a Deus, hoje eu tenho o Victor na minha vida, mesmo ciente que o amor paternal/maternal e o amor conjugal são completamente diferentes. Atualmente, é o meu marido quem me supre as necessidades emocionais. Como nos casamos muito jovens, ele assumiu essa atribuição com dignidade. Somente em Deus e no Victor é que eu encontro confiança e segurança para seguir a vida com amor, esperança, fé e gratidão.

Eu reconheço que os meus pais pecaram por não conhecerem o verdadeiro Deus. A ignorância os tornou vulneráveis aos ataques de Satanás. Ainda que tenhamos passado por tamanha destruição, eu admito com o meu coração aberto que não desejaria ter tido outros pais que não os que Deus me deu. Eu fui uma pessoa completa e tive uma infância muito feliz no período em que o mal não conseguia entrar na nossa casa para destruir o que nós tínhamos edificado.

Eu amo os meus pais e vou amá-los para sempre. Mesmo sabendo que minha mãe buscou outros caminhos sem conhecer o Senhor; mesmo sabendo das vulnerabilidades do meu pai no final da vida; era com eles que eu escolheria viver e ser criada.

Eu me orgulho dos pais que eu tive. Eles foram pessoas dedicadas, amorosas, cuidadosas e honestas. Eles me deram a base moral e ética que eu transmito atualmente para os meus filhos. É uma honra parecer fisicamente com a minha mãe. Acho lindo conferir nas velhas fotografias de família o cuidado que a mamãe tinha comigo. Admiro o papai pela batalha que travou para vencer na vida, pelas conquistas pessoais e familiares, pelo amor incondicional que dedicou à minha mãe por toda a sua vida e pelo sentimento de proteção e segurança que transmitiu para o Rodrigo e eu.

Por outro lado, eu lamento muito que a vida deles tenha terminado de forma tão prematura. Minha mãe faleceu com a idade de 40 anos e meu pai aos 56. Papai viveu onze anos após a morte da minha mãe. Como ele sofreu durante esse período sem a presença dela. Me emociona lembrar da sua grande angústia e saudade.

Não gosto de imaginar a minha história em um mundo paralelo com a presença deles. Dói muito pensar o que eu poderia ter tido e não tenho. Não permito que esse tipo de pensamento se desenvolva nem em sonhos.

Em contrapartida, eu prefiro aceitar a dura realidade de mantê-los vivos na minha memória. Trago comigo a nostalgia da minha vida regressa, sem a ilusão do que eu poderia ter vivido.

Reconheço que alguns momentos são mais suscetíveis a saudade. Sinto falta, por exemplo, de compartilhar com eles as minhas vitórias e as conquistas que o Senhor me dá, como o nascimento dos meus filhos. Quando a dor da ausência se manifesta a ponto de me abater, é no meu Pai celestial que eu encontro o conforto e a ajuda necessária para vencer.

No entanto, essa dor me acompanha em todas as fases que já vivi na minha vida. Vez por outra, meus filhos me perguntam a razão pela qual eu não tenho pai e nem mãe. "Por que Deus deixou eles morrerem? Como foi a sua vida? Do que eles morreram? Eu nunca vou ter vovó e vovô da sua parte?" Eles têm curiosidade de saber.

Pai ou mãe que estiver lendo este livro, me permita a ousadia de lhe oferecer um conselho. Entenda que a melhor coisa que você pode deixar para os seus filhos é a presença do Senhor em sua família. Se você conseguir transmitir para a sua posteridade a mensagem restauradora de amor e fé do Filho de Deus, as demais coisas virão porque o Senhor é fiel. Saiba que não há garantias de nada nessa vida, a não ser a confiança nas firmes promessas do Senhor. E é crendo nelas que eu anelo encontrar com a minha mãe na Glória e tenho a certeza, porque essa convicção já me foi entregue por Jesus, que um dia abraçarei o meu querido pai na Eternidade. Essa fé me basta.

CAPÍTULO 11

A FÉ E A RAZÃO

Assim como os céus são mais altos do que a terra, também os meus caminhos são mais altos do que os seus caminhos e os meus pensamentos mais altos do que os seus pensamentos.

(Isaías 55:9)

Passadas as primeiras fases do luto após a morte trágica do papai, eu dei segmento às minhas atividades diárias obcecada pela efemeridade da vida. Se antes eu já me dedicava aos projetos pessoais com afinco, agora, eu tinha urgência em cumprir todos os meus planos, sabedora que as adversidades acontecem quando menos se espera.

Se por um lado as fatalidades me tornaram uma pessoa mais pragmática, por outro, a fé me fez compreender a magnitude da perfeita vontade de Deus ante a insignificância do homem. Pode até parecer contraditório, mas com a ajuda dos meus pastores Getúlio e Vanja Fagundes, eu encontrei o equilíbrio entre o pensamento racional e a fé sobrenatural no Deus onipresente, onisciente e onipotente. Assimilei no meu âmago o entendimento de que o Senhor, do alto de sua grandiosidade, se compadece do ser humano na sua pequenez.

Meus pastores, aliás, tiveram um papel fundamental nessa fase dura da minha vida. Exemplos de servos abnegados e fiéis, eles me ensinaram a viver pela fé quando minha razão me impulsionava a viver pela vista. Até hoje os seus ensinamentos me são úteis e inspiradores na caminhada cristã.

Tenho uma dívida de gratidão por esse casal e pelo que eles fizeram por mim. Se não fosse pela dedicação e apoio deles, certamente, a minha história teria sido diferente.

Anos antes, o pastor Getúlio e a pastora Vanja deixaram o conforto que eles tinham em Petrópolis, Rio de Janeiro, e se mudaram para Viçosa a fim de obedecer ao chamado missionário. Na cidade mineira, começaram a reunir os crentes na garagem de casa até que, com o passar do tempo, a igreja cresceu e se transformou em um grande templo da Assembléia de Deus da cidade. Foi nessa congregação, sob a tutela deles, que eu aprendi o valor da fidelidade a Deus e do caráter cristão. Muitas vezes subíamos os morros para pregar o amor de Jesus às almas famintas de salvação. Eles não poupavam esforços para transmitir aos membros da igreja a importância de ser um crente cheio do Espírito Santo, falar em línguas estranhas, crer nos sinais e maravilhas, expulsar os demônios e, acima de tudo, amar o pecador.

Eu ainda não sabia o quanto essas lições seriam valiosas para o futuro que Deus havia preparado para mim. No tempo que se sucedeu à morte do papai, eu já reconhecia o mérito dos meus pastores pela renúncia que eles fizeram, mas especialmente, eu tinha gratidão pela maneira amorosa com que eles cuidaram de mim – uma ovelha ferida no meio do rebanho.

Enquanto eu me permitia ser tratada e curada por Deus através dos cuidados da igreja e pastores, eu sentia a necessidade de fazer o mesmo pelo Rodrigo. Me preocupava muito que o meu irmão tivesse passando por tamanha dor e sofrimento em plena fase da adolescência quando decisões importantes definiriam o seu futuro.

Desde 1995, poucos meses após o meu casamento, o Rodrigo passou a morar comigo e o Victor. Com o objetivo de estudar para o vestibular, ele se mudou de Muriaé para Viçosa assim que concluiu o último ano do ensino médio. Inteligentíssimo, mas pouco esforçado, ele só conseguiu passar no vestibular no final de 1997, aproximada-mente, dois meses após a morte do papai.

O Rodrigo, Victor e eu celebramos timidamente o ingresso do meu irmão no curso de informática da Universidade Federal de Viçosa no início de 1998. Estávamos felizes pela vitória alcançada pelo Ro-drigo, mas intimamente, repartíamos o dissabor causado pela ausência do papai. Ao mesmo tempo que festejávamos, uma penumbra nos lembrava de que o papai morreu sem ter conhecimento do triunfo do seu caçula.

No primeiro ano de universidade, o Rodrigo se saiu razoavel-mente bem. Ele passou em todas as disciplinas beirando a média de aprovação. Eu sabia, no entanto, que ele tinha muito mais a oferecer. Dado o potencial do meu irmão, eu tinha convicção que, com um pouco de dedicação, ele poderia se destacar entre os alunos da turma. "Quem sabe ele não terá um desempenho melhor no próximo ano, quando a morte do papai não for uma ferida tão aberta?" Eu me iludia.

Ao contrário do Rodrigo, as mazelas da vida me tornaram uma pessoa mais responsável e dedicada aos estudos. Eu perseguia com todas as forças a carreira que um dia sonhei para mim. Enquanto o Rodrigo perdia tempo com badalações e noitadas, eu passava horas a fio nos laboratórios e salas de aula.

Durante todo o curso de Nutrição eu participei simultaneamente do programa de ensino, pesquisa e estágio na Divisão de Saúde da Universidade Federal de Viçosa e na Policlínica de Saúde. Fiz estágio no Sistema Único de Saúde (SUS) onde, junto com a equipe de nutricionistas do hospital, trabalhei com a população menos favorecida residente no interior do estado. Todos esses projetos enriqueceram o meu curso e me ajudaram a lançar a minha carreira com sucesso. Cada vez ficava mais clara a minha aptidão para a área de nutrição educacional e eu já traçava detalhadamente cada um dos caminhos que eu deveria percorrer.

Nesse tempo, o Victor sonhava com o aumento da família. Apesar de acalentar o desejo de algum dia ser mãe, eu estava apegada demais aos planos profissionais e não encontrava abertura na minha vida para incluir o projeto maternidade. No entanto, em uma dessas conversas com o meu marido, eu concordei que a gravidez poderia acontecer uma vez que eu tivesse concluído o bacharel, o que seria minha primeira conquista na área acadêmica.

Durante a graduação, porém, já se descortinava uma abertura para que eu desse continuidade aos meus estudos através do mestrado na mesma universidade – oportunidade perfeita para quem desejava dar seguimento à carreira universitária. Com essa possibilidade se despontando, eu conversei com o Victor que aceitou com alegria que eu me inscrevesse para a prova de pós-graduação.

O que eu não contava, porém, eram com as deduções que cada um faria a partir das palavras não pronunciadas. O subtendido por um foi uma decepção para o outro. Uma vez que o Victor concordou com os meus planos de mestrado, eu deduzi que ele teria entendido que o projeto de gravidez seria adiado. Para o Victor, no entanto, uma coisa não impediria a outra.

Eu havia definido a minha carreira e pensava que nada poderia me persuadir a mudar os planos que eu tinha elaborado. Meu sonho de ser professora universitária e pesquisadora na área de nutrição estava cada vez mais palpável. Através do PET, eu acumulei títulos e adquiri conquistas na comunidade científica com descobertas e trabalhos publicados. Tudo corria exatamente como eu havia delineado.

Fiz a prova para o mestrado e, como era de se esperar com tanto estudo e dedicação, fui aprovada para a bolsa de pós-graduação. Eu compreendia que a vaga para mestrado veio como consequência de um trabalho árduo e diligente. Já durante a graduação eu tinha adquirido uma bagagem de cinco anos como pesquisadora, o que garantiu o meu espaço de pesquisa na área de fisiologia de microrganismo. Eu reconhecia que era uma oportunidade incrível e eu não queria e nem poderia abrir mão de nada disso.

Eu estava radiante pela conquista até que dei a notícia para o Victor. Me lembro com tristeza do olhar de decepção do meu marido quando ele entendeu que eu não queria mais engravidar enquanto não concluísse o mestrado em dois anos. Ele não compreendia que eu não tinha tempo a perder e que a maternidade não era a minha prioridade no momento. Perfeccionista, eu nem ponderava a ideia de dividir o tempo entre os cuidados com um bebê e os projetos de pesquisa da universidade. Sim, eu estava muito feliz, mas aquela decisão havia afetado o meu casamento.

Estávamos no final de 1999 quando, finalmente, o aguardado momento da formatura havia chegado e nenhum dos meus pais estava presente para compartilhar minha conquista. Ao receber os certificados, observei um a um o desfile exultante dos meus colegas sob o olhar marejado de pais e mães orgulhosos. E eu senti muito a falta do papai e da mamãe. Eu havia lutado tanto por esse momento e, agora, um nó havia se instaurado na minha garganta por não ter os meus pais para aplaudirem meu êxito.

Com muito custo, o vô Geraldo e a vó Glorinha sentaram-se na cadeira reservada aos pais. Além dos meus avós e o Victor também estiveram presentes à solenidade alguns tios e primos da família de minha mãe para homenagear e honrar a minha vitória. Foi uma noite muito especial e memorável.

Imediatamente após concluir minha graduação com currículo impecável, publicação de trabalhos e elogios promissores dos professores, eu dei seguimento ao curso de mestrado. As aulas começaram no início do ano 2000 e eu mal podia conter o alvoroço. Conquanto o departamento de nutrição da universidade ainda não oferecesse um curso de mestrado à época, eu migrei para o departamento de microbiologia e dei início a uma pesquisa com ênfase na indústria alimentícia. Para meu deleite, consegui uma orientadora muito renovada e admirada na área: a professora Flávia Maria Lopes Passos que trabalhava no laboratório de fisiologia de microrganismo. Eu estava completamente inebriada pelo ambiente de conhecimento e sabedoria que permeiam o mundo acadêmico. Não media esforços para adquirir o conhecimento científico e ficava até de madrugada no laboratório fazendo os experimentos necessários.

Estudei uma levedura do leite chamada *kluyveromyces marxianus var. lactis* no laboratório de fisiologia de microrganismo no Instituto de Biotecnologia Aplicada à Agropecuária (Bioagro) da UFV. Era um privilégio estudar naquele local com tantas mentes brilhantes. Parte do dinheiro que financiava as pesquisas do Bioagro vinham do estudo da soja e somente alunos com notas excelentes e proeminência acadêmica eram selecionados para estarem ali.

Infelizmente, nesse mesmo período a performance escolar do meu irmão piorou como consequência de um comportamento leviano e irreconhecível. No início do ano 2000, pouco depois de completar 21 anos de idade, o Rodrigo comprou um apartamento em Viçosa com parte da herança que recebera e se mudou da minha casa. Sem as amarras da família, meu irmão esbanjou o montante que sobrou em festas, farras e bebedeiras.

Nesse mesmo ano, o Rodrigo foi reprovado em absolutamente todas as disciplinas do curso. O desinteresse medido pelas faltas deixaram claro que o meu irmão precisava de ajuda para encontrar um caminho de sensatez no atormentado estado emocional em que ele se encontrava. Parecia que o temor que as pessoas tiveram quanto ao nosso futuro nas ocasiões das mortes da mamãe e, mais tarde, do papai, estava se cumprindo na vida do Rodrigo.

Ao findar o ano 2000, o Rodrigo me disse que já não se interessava por informática e que tentaria a sorte no curso de química. Ele pretendia fazer um novo vestibular e, se aprovado, solicitaria o reaproveitamento das disciplinas concluídas no curso de informática através da transferência de créditos.

Isso foi o bastante para me deixar muito nervosa. Agora, ele tinha excedido os limites. Eu fiquei muito preocupada com o rumo que a vida dele estava tomando. Um dia a verba acabaria e o que seria do futuro do meu irmão sem pai, mãe, profissão e dinheiro?

Apesar de compartilhar da minha preocupação, o Victor me lembrava o tempo todo das minhas limitações como irmã. O Rodrigo já não era uma criança e as decisões sobre a vida dele não cabiam a mim. Eu não poderia interferir diretamente nas escolhas do meu irmão.

Se por um lado eu estava impossibilitada de interferir no futuro do meu irmão, por outro, eu tinha um artifício escondido no Senhor. Foi com oração que eu entrei nessa batalha.

O Victor sugeriu que fizéssemos um propósito com Deus especialmente pela vida do Rodrigo. Minhas sugestões e conselhos para o meu irmão já não tinham efeito, mas Deus poderia agir na vida dele e tirá-lo desse ciclo de perdição que ele estava se enveredando. Desde a morte do papai, foi a primeira vez que eu me comprometi em um plano diário de intercessão por alguém.

Assim, o Victor e eu entramos em guerra espiritual pelo meu irmão. Eu tinha dificuldade em compreender o comportamento do Rodrigo. Apesar de termos vivido a mesma história, tínhamos reações completamente diferentes diante das adversidades.

Pouco meses após o início da nossa campanha de oração, algo extraordinário aconteceu.

O Rodrigo tinha um amigo de faculdade que era responsável, na época, pela manutenção dos computadores do Bioagro. Uma vez que esse amigo recebeu uma proposta de emprego fora da universidade, ele achou por bem indicar o meu irmão para substituí-lo no Instituto de Biotecnologia. Eu conhecia muito bem o diretor do Bioagro.

O Marcílio era o meu professor de bioquímica e se destacava por sua seriedade e profissionalismo. Dificilmente, ele aceitaria a indicação do Rodrigo dado os resultados acadêmicos nada promissores do meu irmão nos anos de universidade.

Deus fez algo tremendo e o Rodrigo foi chamado para uma entrevista com o Marcílio. Após os primeiros minutos de conversa, o Marcílio pegou as notas do meu irmão e, voltando-se para ele, disse:

— Eu quero acreditar que você teve um ano ruim, Rodrigo. Eu imagino que alguma coisa ruim aconteceu, você teve algum problema familiar, alguma coisa afetou a sua performance acadêmica. Você foi indicado por uma pessoa que eu confio demais. Se ele te indicou é porque você é bom, então, eu vou te dar um voto de confiança e te trazer para trabalhar no Bioagro.

E, assim, o meu irmão ficou responsável por todos os computadores do Instituto de Biotecnologia. Desse modo, ele não apenas continuou no curso de informática, como recebeu o incentivo necessário para se dedicar aos estudos e conquistar as boas notas necessárias para preservar o emprego recém-adquirido.

Se por um lado a questão profissional estava momentaneamente resolvida, por outro, o Rodrigo começou a se envolver em relacionamentos pouco saudáveis. Mais uma vez, eu me coloquei na brecha pela vida do meu irmão. Por diversas vezes, dobrei os meus joelhos diante do Senhor e clamei a Deus pela vida emocional do meu irmão. Eu queria muito que o Rodrigo encontrasse alguém que o amasse verdadeiramente da mesma maneira como eu tinha encontrado o conforto emocional no Victor. Eu desejava que o meu irmão fosse capaz de construir uma família e que encontrasse uma esposa cujos pais o recebessem como a um filho, mas isso ainda estava longe de acontecer.

Eu observei que, não satisfeito em destruir a vida do meu pai, o Diabo se levantou em várias ocasiões com fúria contra o Rodrigo e eu. Durante algum tempo, o meu irmão se envolveu em aventuras românticas que não contribuíram em nada para um desenvolvimento emocionalmente positivo e saudável. Pelo contrário, muitas jovens com as quais ele se relacionou tinham envolvimento com feitiçaria, ou bebiam demais ou, até, ocupavam suas mentes com mais de um rapaz ao mesmo tempo.

Apesar de todos os reveses que enfrentou desde muito menino, Deus cuidou do meu irmão com tanto zelo quanto cuidou de mim. Com a graça divina, o Rodrigo alcançou a vitória em todos os aspectos de sua vida.

O meu irmão levou o curso até o fim e se formou em Ciências da Computação em 2003. Ele nunca se interessou por participar de congressos e especializações, mas sua inteligência e sagacidade o encaminharam para uma vida profissional de sucesso e realizações. Atualmente, ele trabalha na área de informática do Banco Nacional de Desenvolvimento (BNDES), depois de ter tido passagens brilhantes pela Petrobrás e IBM. Em qualquer lugar que o Rodrigo deposite o coração, Deus abre as portas e o faz prosperar.

No mesmo ano da formatura, o meu irmão casou-se com a Fernanda, uma moça que entrou em sua vida como bênção de Deus. Me emociona contatar como entre os pais da Fernanda, o meu irmão é tratado como filho. Deus é fiel! Juntos, eles formam uma linda família com dois filhos formosos e saudáveis: Pedro de 10 anos e Beatriz de 2 meses.

Eu tenho muito orgulho do homem que o meu irmão se tornou. O período de farra e irresponsabilidade ficou no passado. O

Rodrigo se transformou em um pai de família exemplar e carinhoso. Assim como o papai nos anos de nossa infância, o Rodrigo prioriza a família com amor, trabalho e devoção. Louvo muito a Deus pela vida e conquistas do meu irmão e lamento apenas que não estejamos geograficamente perto um do outro.

É verdade que a distância nos impede de compartilhar as atividades corriqueiras, mas estamos unidos por laços de sangue e amor. Vivemos dramas e tragédias no passado, mas Deus cuidou de nós como a menina de seus olhos. Como diz a Bíblia Sagrada em Tiago 5:16, "a oração do justo pode muito em seus efeitos". Glória a Jesus pela vitória na vida do meu irmão!

***

Na época em que o Rodrigo já estava trabalhando nos computadores do Bioagro e eu me dedicava completamente à primeira fase do mestrado, e me surpreendi grávida. No primeiro momento, entrei em choque já que não planejava a gravidez para esse ano, mas logo, me senti verdadeiramente feliz com a notícia.

Ao compartilhar a notícia com o Victor e notar a sua reação de alegria espontânea, eu acreditei que as desavenças que surgiram entre nós por causa da minha intenção em adiar a gravidez iriam se dissipar com a chegada dessa criança. Conferido o positivo no exame de laboratório, espalhei a notícia para toda a família. Infelizmente, apenas três dias depois da confirmação da gestação, eu perdi o bebê.

Eu estive grávida por apenas quatro ou cinco semanas mas, mesmo assim, o processo do aborto espontâneo foi muito doloroso. Eu tive um sangramento intenso e uma cólica insuportável que me jogaram na cama por uma semana inteira. Não precisei fazer curetagem, mas diante de uma perda de sangue pesada e dolorida, o repouso foi obrigatório o que significava minha ausência na universidade.

A perda do bebê me afetou tão fortemente a ponto de me fazer duvidar da capacidade que eu teria de gerar vidas. Durante esses dias eu passei a viver um dilema e, paradoxalmente a tudo o que eu tinha planejado, resolvi me permitir ser guiada pela emoção. Agora, independente dos meus planos profissionais e dos conselhos médicos, eu queria ter um filho.

Precavido, o médico recomendou que eu esperasse, pelo menos, seis meses até que tentasse engravidar novamente. Por sua vez, minha orientadora sugeriu delicadamente que eu aguardasse o fim do mestrado para, só então, dar cabo ao projeto maternidade.

Porém, pela primeira vez em minha vida, todo o meu pensamento cartesiano foi impactado por uma ambição fundamentalmente passional. Eu não queria esperar mais. Eu ansiava saber se, algum dia da minha vida, eu poderia ou não ser mãe. E eu queria saber agora. Cheguei a me lembrar das ameaças do Diabo no passado quando disse que eu jamais teria uma família. Deus já havia derrubado por terra cada uma das intimidações do inimigo, mas eu ainda não tinha certeza se poderia ter filhos e o aborto me deixou muito sensibilizada para esse assunto.

Resolvi passar por cima de tudo o que me disseram e, contrariando os conselhos recebidos, fiquei grávida no mês seguinte à perda do bebê.

CAPÍTULO 12

A VIDA QUE SE RENOVA

Assim Ana engravidou e, no devido tempo, deu à luz um filho. E deu-lhe o nome de Samuel, dizendo: "Eu o pedi ao Senhor".

(1 Samuel 1:20)

Eu estava extremamente feliz com a gravidez, mas no meu coração, sofria com o medo de não conseguir carregar a criança a termo. Já no início da gestação, eu comecei a ter muitos enjoos e passei muito mal. Nos primeiros meses eu vomitava o dia inteiro e me sentia enfraquecida. Junto com as náuseas teve início uma série de sangramentos que me deixaram física e emocionalmente abalada. Eu temia terrivelmente pela vida do meu filho.

O primeiro sangramento aconteceu seguido de muitas dores no corpo quando eu estava com cinco semanas de gravidez. Com o coração angustiado, segui com o Victor para a cidade de Ubá, município situado a, aproximadamente, 65 quilômetros de Viçosa onde um médico poderia me atender. "Será que eu teria um novo aborto espontâneo?" Eu suspeitava.

Era um sábado pela manhã e, excepcionalmente, um obstetra

conhecido da amiga Flávia poderia realizar imediatamente um exame de ultrassonografia no seu consultório particular. Ao concluir o ultrassom, o médico observou uma manchinha no canto do meu útero, como se o óvulo fecundado tivesse escorregado para essa região específica.

— Ainda é muito cedo para afirmar qualquer coisa, mas se tiver tudo bem com a gravidez, o bebê vai se fixar aqui — ele disse apontando para a tal manchinha. — Em uma semana já poderemos verificar as batidas do coração. Até lá, você precisa ficar em repouso absoluto.

Repouso absoluto não era exatamente o que eu tinha planejado para os próximos dias. Eu precisava dar continuidade ao meu trabalho no mestrado. Por sinal, o meu desempenho profissional já estava sendo afetado pelas reações indesejáveis da gravidez. Tomei coragem para enfrentar a minha orientadora e dar-lhe a notícia que, além de estar grávida novamente, ainda precisaria ficar afastada temporariamente do laboratório de pesquisa.

Passada uma semana, voltei a Ubá para refazer o exame. Para nosso alívio, o coraçãozinho do bebê estava batendo forte como um tambor. O Victor e eu nos emocionamos com aquele ritmo frenético que prenunciava o milagre da vida.

Os dias que se seguiram não foram muito fáceis. Eu me esforçava para dar o melhor de mim para o mestrado, mas tive uma gestação difícil do começo ao fim. Eu me sentia muito frágil e precisava lidar constantemente com incômodos no corpo. Qualquer atividade realizada era extremamente desconfortável. Subir ou descer escadas era um suplício e até manter relações sexuais me causavam dor.

Além de tudo isso, o fantasma do aborto me perseguia. Apesar de todo o cuidado que eu tive, mais três episódios de sangramento aconteceram durante a gravidez. A cada consulta, o obstetra informava que tudo estava bem, mas por causa da fragilidade em que eu me encontrava, fui proibida já no início da gestação de manter relações sexuais. Fora isso, todo sangramento era sucedido por uma semana de repouso absoluto.

Com a gravidez tão fragilizada, o Victor e eu receávamos a cada dia perder o nosso bebê. Por causa disso, eu tentava resistir ao amor crescente que nutria pelo serzinho que crescia na minha barriga, mas era um esforço inútil. Nós já desejávamos muito essa criança e o amávamos sem ainda tê-lo em nossos braços. Seguimos todas as orientações médicas sonhando com o dia do nascimento do nosso filho.

Eu já estava com aproximadamente 16 semanas de gravidez quando fui sobressaltada pelo quarto e último episódio de sangramento. Eu mantinha uma alimentação saudável, fazia o repouso necessário e estava impedida de fazer amor com o meu marido. Não havia mais nada que eu pudesse fazer para evitar esses sangramentos a não ser orar.

Nesse momento, eu estava meditando no livro de Samuel e, quando li a passagem da oração de Ana[1], senti o desejo de reproduzir essa prece e dedicar o meu filho ao Senhor. Depois de observar as manchas vermelhas na minha roupa íntima, dobrei os meus joelhos ao chão e falei com Deus:

— Pai, os dias são outros e eu não posso entregar essa criança ao templo como fez Ana. No entanto, eu quero dedicar esse bebê a ti.

---

1   "E fez um voto, dizendo: Senhor dos Exércitos! Se benignamente atentares para a aflição da tua serva, e de mim te lembrares, e da tua serva não te esqueceres, mas à tua serva deres um filho homem, ao Senhor o darei todos os dias da sua vida, e sobre a sua cabeça não passará navalha", 1 Samuel 1:11 versão Almeida Corrigida e Revisada Fiel.

Ele é teu, Senhor.

Quando eu conclui a minha oração, escutei a voz do Deus audivelmente me dizendo:

— Então, essa criança é minha. Não estabeleça os seus planos para ela. Não sonhe seus sonhos para ela, pois ela cumprirá o meu desejo e não o seu. Crie essa criança para mim.

Hoje eu compreendo que os filhos são herança do Senhor. A herança é recebida quando os pais morrem, desta forma, o dia em que morrermos para os nossos desejos pessoais poderemos entregar ao Senhor a sua herança.

Na hora fui surpreendida pela resposta ligeira do Pai. Ele aceitou a minha oferta, mas... você acredita que não era exatamente isso que eu desejava? Apesar de ter feito aquela oração, no meu coração eu desejava o menino para mim e não tinha pesado, ainda, o significado das minhas palavras. Como fui incrédula! Como o coração é enganoso! Como eu poderia verdadeiramente abrir mão do meu filho para a obra de Deus?

Eu fiz uma oferta a Deus puramente por interesse pessoal, mas nesse dia, ele ouviu e aceitou a minha prece. E, como eu realmente desejava aquela criança, me rendi ao desejo do Pai. Assim como fez Ana, eu prometi cuidar do meu filho para Deus. Aquela prece de entrega que, a princípio, era puramente superficial foi dando lugar a um gemido na minha alma em gratidão a Deus. O meu filho seria do Senhor.

Como sempre, Deus honrou a sua palavra. Essa foi a última vez que eu sangrei durante a gravidez, mas eu ainda teria mais um revés a ser enfrentado antes de receber o meu filho nos braços.

Com a aproximação da última fase da gravidez, mais do que

nunca eu desejava um parto normal. Eu estava emocionalmente abatida e fisicamente debilitada. Sentia muita falta dos meus pais e pensava neles o tempo inteiro. Eu não tinha quem cuidasse de mim e temia que uma cesariana pudesse comprometer o meu puerpério. Porém, com sete meses de gestação, o bebê mudou de posição, sentou-se com as perninhas cruzadas e o médico decidiu que uma cesariana seria o procedimento mais indicado para o meu caso.

Eu pedi muito a Deus por um parto normal. Por que ele não ouviu a minha oração? Eu começava a descobrir que a vida cristã não exime o indivíduo do sofrimento. Até esse momento, eu creditava as minhas aflições às más escolhas dos meus pais. Mas, e agora? Eu servia a Deus com tanto amor e procurava obedecê-lo fielmente, mas ainda assim, estava passando por tantas dificuldades. Eu não conseguia compreender as razões pelas quais os cristãos passam por lutas e provações.

A princípio, a minha cesariana foi marcada para o dia 11 de abril de 2001, data do aniversário do meu esposo. Porém, no dia 4 de abril durante uma consulta de rotina, a obstetra observou uma pequena dilatação e sangramento após o exame de toque. Eu estava prestes a entrar em trabalho de parto e precisaria fazer a cirurgia naquele mesmo dia.

O Victor e eu saíamos da consulta diretamente para casa. Rapidamente, pegamos a bolsa do hospital que já estava previamente preparada com roupas para mim e para o bebê e seguimos para o hospital São João Batista em Viçosa. Corríamos contra o tempo preocupados com o que a médica dissera. O parto normal não era indicado por causa da posição pélvica em que se encontrava e a cesariana seria dificultada caso o bebê se encaixasse em posição de parto.

Cheguei ao hospital no horário marcado. Fui levada imediatamente para o centro cirúrgico enquanto o Victor aguardava na sala de espera da maternidade. O meu milagre estava prestes a acontecer, mas eu ainda precisaria passar por mais uma prova. Por alguma razão que eu desconheço, a anestesia não surtiu o efeito esperado e eu senti muita dor durante todo o procedimento. Senti o momento em que o médico retirou uma perninha do meu filho, o revirou, colocou a perna de volta na minha barriga e, virando-o para posição correta, puxou-o pela cabeça.

Eu senti tanta dor, tanta dor que eu gritei durante todo o trabalho de parto. Quando tudo acabou, fui encaminhada para o meu quarto hospitalar com dificuldades para respirar. Sentia os meus órgãos doloridos, principalmente, na região debaixo das costelas onde a cabecinha do meu filho teria ficado.

Após 37 semanas de gestação, eu dei à luz ao João Victor de Castro Ornelas no dia 4 de abril de 2001, às 12 horas e 15 minutos – um bebê forte e saudável com excelente nota no teste de Apgar.

Três anos após a morte do meu pai, a vida se renovava com o nascimento do meu primogênito. Apesar de ter tido um parto muito difícil, eu me sentia aliviada e feliz com a chegada do meu filho.

Tive alta hospitalar três dias após a cirurgia. Voltei para casa e subi os quatro andares das escadas do meu apartamento com dificuldade. Os pontos da cirurgia me incomodavam um pouco, mas nada fora do esperado. O Victor subiu as escadas logo atrás de mim carregando o João Victor no bebê conforto ao mesmo tempo em que me servia de apoio.

Estávamos felizes e assustados. De agora em diante, não poderíamos contar com a ajuda de enfermeiros ou do berçário do hospital para conselhos profissionais ou mesmo uns minutinhos de folga.

Aquele bebezinho perfeito – um milagre de Deus – dependia exclusivamente dos nossos cuidados.

Levamos o João Victor diretamente para o quartinho preparado sob encomenda para ele. Cada detalhe do cômodo foi escolhido para tecer um ambiente aconchegante. Os móveis de mogno, os protetores de berço pintados à mão com singelos bichinhos e os objetos de decoração com o tema da arca de Noé formavam uma delicada composição com o papel de parede amarelo enfeitado com pequeninos losangos azuis. Eu queria ser a melhor mãe do mundo e não mediria esforços para isso. Temporariamente sem precisar me preocupar com as aulas do mestrado – eu já havia concluído as disciplinas e experimentos e precisava apenas desenvolver a tese – eu usava o meu tempo para me dedicar com exclusividade aos cuidados com o meu filho.

Eu sonhava em amamentá-lo por um longo período e colocar em prática todos os meus conhecimentos adquiridos no curso de Nutrição, mas em consequência da cesariana, o meu leite demorou cinco dias para descer. Até então, eu não sabia que amamentar exigiria de mim tanta persistência.

No exercício clínico durante o curso de Nutrição, eu já havia ensinado muitas mães a respeito da amamentação, mas realmente, percebi que a prática é diferente da teoria. Estava a ponto de desistir diante das dificuldades e do esgotamento físico dos primeiros dias de adaptação da família após o nascimento do bebê.

O João foi um bebê sonolento. Ele mamava um pouquinho de cada vez e logo pegava no sono. A pouca demanda do meu filho fazia com que o meu seio se enchesse de leite, o que me causava dor. Para aliviar, passei a ordenhar com bombinha elétrica, congelar o leite materno e oferecê-lo mais tarde na mamadeira.

A nova rotina com um recém-nascido em casa estava me deixando exausta. Com apenas três dias após o nascimento do João, o Victor voltou a trabalhar. Eu me ocupava inteiramente dos cuidados com o bebê e já não tinha tempo para escrever a tese do mestrado. Passava as madrugadas em claro, sobrecarregada com as constantemente mamadas, arrotos e trocas de fralda. Eu estava fatigada e sozinha.

Resolvi, então, oferecer ao João leite artificial entre as mamadas no peito. O Victor ficou entristecido, mas eu já não aguentava tanto cansaço e ansiedade. Dez dias após o nascimento, o bebê ainda não tinha recuperado o peso perdido após o parto. Eu passei, então, a duvidar da minha capacidade de amamentar o meu filho. Ele urinava pouco e eu pensava que não produzia leite suficiente para alimentá-lo.

À noite, quando eu me preparava para dar a mamadeira, o Victor perguntava: "É peito ou fórmula?" Me doía por dentro, mas... à noite era fórmula.

Uma sensação de fracasso tomou conta de mim. Eu sentia como se estivesse traindo os meus princípios por causa da ansiedade e insegurança. "Deus, por que não estou confiando em ti? Onde está a minha fé em ti? Por que acho que meu filho corre perigo ou penso que ele vai perecer? Por que este medo dominando a minha vida?"

Passados 60 dias desde o nascimento do João, me preocupei que o coto umbilical ainda não houvesse caído. Eu já tinha seguido todos os conselhos de amigos e conhecidos, mas parecia que o umbigo tinha vida. Depois de consultar um pediatra, fomos encaminhados para a cidade de Ipatinga onde o João Victor seria submetido a uma ultrassonografia que revelasse os motivos dessa demora fora do comum.

Surpreendentemente, os médicos observaram que havia sangue

circulando pelo umbigo e que, para meu desespero, o meu filho precisaria passar por uma cirurgia. Segundo os médicos, o cordão estava ligado ao intestino e a sua remoção poderia resultar em saída imediata de fezes, daí a exigência de uma cirurgia a um procedimento mais simples.

Fomos encaminhados ao Hospital Márcio Cunha, em Ipatinga, onde uma equipe com seis médicos se reuniu conosco para explicar os procedimentos e os riscos provenientes da cirurgia. Se não houvesse fezes no umbigo, teríamos que observar se o bebê iria evacuar todos os dias, pois havia o perigo de uma alça do intestino que estava presa à artéria umbilical se dobrar. Se isso acontecesse, ele iria parar de evacuar, rejeitar os alimentos e até vomitar. Dessa forma, teríamos que ir com ele imediatamente para o hospital para a realização de mais uma cirurgia.

Saí daquela reunião sem querer acreditar que tudo aquilo estava ocorrendo. Ignorei o canto dos pássaros e o sol que brilhava vigoroso no céu mineiro. Naquele momento, os meus olhos e pensamentos pertenciam apenas ao João. Observei o seu rostinho tão alegre, gordinho, calminho enquanto a minha alma sangrava pelo medo de perdê-lo. Fiz o trajeto para a casa da tia Ana, que tão gentilmente nos recebeu, emudecida pela ameaça de morte. A cirurgia seria realizada pela equipe do hospital, em uma clínica particular, ainda naquela noite, às 19 horas, na mesma cidade.

Adentrei a casa da tia pela porta da cozinha e segui diretamente para o lavabo da área de serviço. Com o exame nas mãos, dobrei os meus joelhos e derramei um choro de humilhação diante do Senhor. Eu não tinha muito o que dizer, mas clamava pela misericórdia de Deus. Depois que me acalmei, abri o envelope do exame e, literalmente, mostrei-o a Deus. Apontei no local onde a artéria estava ligada ao intestino e pedi ao Senhor para solucionar aquele problema em nome de Jesus.

Chegamos na clínica no horário combinado e demos início ao pré-operatório. Eu fiz questão de entrar com o João no bloco cirúrgico. Inocentemente, ele sorria como se estivesse preparado para aquele momento enquanto eu sofria e cria que Deus estava ali conosco. Um lençol azul com um orifício foi colocado sobre todo o corpo do João. Eu me enfiei debaixo do tecido, ao lado da cabecinha do meu filho. Elevei um pouco a minha cabeça de modo que nossos olhos se encontrassem. Passei todo o tempo orando e distraindo o meu menino.

De repente, eu ouvi um "clique" da tesoura. O João continuava tranquilo e não esboçou nenhum choro, apesar de não ter tomado nenhum tipo de anestesia. Afastei o pano, levantei a minha cabeça e perguntei o que estava acontecendo. Admirado, o cirurgião disse que não havia saído fezes pelo umbigo, como ele esperava. Ele apertou a barriga do João várias vezes e nada.

— Nós fizemos um procedimento cirúrgico — ele disse. — Supostamente, deveria sair fezes, o que não aconteceu. Pode ser que saia amanhã ou depois. Se isso acontecer, você deve me procurar.

Levantei o meu bebê da maca e notei que ele havia feito xixi. Abracei-o ternamente com desejo de colocá-lo uma vez mais dentro da minha barriga. Em espírito, louvei ao Senhor pelo fim daquela cirurgia.

Saí de lá com o João no colo, glorificando a Deus e confiando que o Senhor tinha nos dado uma grande vitória. Abracei e beijei muito o meu filho. Já no mesmo dia, notei o início do processo de cicatrização da cirurgia. O umbigo do João começou a tomar a forma natural voltando-se para o sentido interior da barriga, como se nada de errado tivesse acontecido.

No dia seguinte, nossa pequena família partiu de Ipatinga de volta a Viçosa. Até o momento, o João ainda não havia evacuado. O Victor e eu ficamos alertas já que, normalmente, ele fazia cocô duas ou três vezes ao dia. Em determinado trecho da viagem, o João começou a chorar muito. Eu o removi do bebê conforto e, com ele no colo, tentei desesperadamente acalmá-lo até que um policial de patrulha na rodovia nos parou. Não houve explicação razoável que convencesse o policial da situação e nós recebemos uma multa significativa. Nos sentimos como se uma guerra sem tréguas estivesse sendo travada contra nós; não havia refrigério.

Dois dias já haviam se passado sem que o João tivesse evacuado, o que o deixava extremamente irritado. O Victor e eu ficamos angustiados temendo que o risco previsto pelo médico – a condição da dobradura no intestino – estivesse acontecendo. Foi, então, que o Victor estendeu as suas mãos sobre a barriguinha do bebê e fez um clamor ao Senhor. Ele disse que eu deveria me preparar para o que iria acontecer em seguida. Em menos de uma hora, o João começou a evacuar deitado como estava. Quando o levantei, havia fezes até na nuca. Foi algo extraordinário!

Mal tive tempo de me recuperar do sobressalto com o coto umbilical do João e um novo desafio começou a se descortinar. Eu sabia que a maternidade exigiria sacrifícios, mas não imaginava que as dificuldades viriam uma após a outra.

Um dia, enquanto eu amamentava o João Victor, senti uma forte pontada de dor no meio do peito. Interrompi a amamentação, entreguei o bebê ao Victor e me joguei ao chão. A dor era tão forte que eu me coloquei em posição fetal e me contorci virando de um lado para o outro.

Assim que tive condições de me levantar, fui ao banheiro lavar o rosto. No reflexo de minha imagem no espelho, pude observar que a cor branca dos meus olhos havia dado lugar a um amarelado fora do normal. A dor continuou me massacrando com ânsias de vômito e diarreia. Notei, então, que minhas fezes estavam quase brancas.

Ao perceber que havia algo de errado com a minha saúde, eu marquei uma consulta com um gastroenterologista o mais breve possível. Temendo que eu pudesse estar com hepatite, o médico sugeriu que eu interrompesse completamente a amamentação até que eu tivesse o resultado de alguns exames.

Os resultados da ultrassonografia, endoscopia e exames de sangue, afastaram a possibilidade de hepatite, mas apontaram que eu estava com pedras na vesícula. Um dos cálculos havia se movido e estava obstruindo um canal chamado colédoco, o que impedia a passagem da bile – substância produzida pelo fígado e utilizada na digestão – para vesícula onde deveria ser armazenada. Conclusão: o meu fígado estava cheio de bile, o que explicava a falta de coloração nas fezes, e eu precisaria fazer um procedimento para retirada do cálculo e desobstrução do canal.

No dia do procedimento, o João estava tomando antibiótico em decorrência de uma infecção de ouvido. O Victor ficou cuidando dele em casa e eu fui para Juiz de Fora levada pelo pastor Getúlio e irmã Vanja. Passei por um procedimento chamado colangeografia retrógrada progressiva, um tipo de endoscopia em que o médico examina a vesícula, pâncreas e alguns canais de parte do sistema digestivo. O procedimento resolveu parcialmente o meu problema. O canal foi liberado, mas eu ainda precisaria fazer uma cirurgia para remoção da vesícula.

No mesmo dia fui liberada do hospital e passei a noite em Juiz de Fora antes de retornar para casa no dia seguinte. Telefonei para o Victor a fim de saber como ele e o João estavam se saindo na minha ausência. Fui informada que o bebê havia vomitado o remédio. O Victor estava muito nervoso e preocupado com a saúde do nosso filho.

À essa altura, o João já estava com quatro meses de vida. Ele passou a regurgitar após cada mamada. Rapidamente, os paninhos de boca tornaram-se inúteis por causa da quantidade de vezes que ele expelia o alimento. Em pouco tempo, meu filho passou a vomitar tanto que me preocupava que ele pudesse se asfixiar durante o sono.

Nossa situação estava cada vez mais complicada. Os problemas de saúde estavam nos atropelando e não entendíamos o porquê Deus estava permitindo que tudo acontecesse. Com tanto estresse e condições de saúde desfavoráveis, o meu leite secou e passei a alimentar o meu filho apenas com fórmula.

Tanto o Victor quanto eu estávamos tristes e desapontados com a vida. Sentíamos saudades um do outro e do relacionamento que nutríamos antes que nossa vida se transformasse em uma sucessão de problemas. Não estávamos preparados para passar por tudo aquilo e nosso casamento sofria com o rechaço de tantas dificuldades.

A quantidade de vômito do João foi aumentando a tal ponto que procuramos um especialista que pudesse cuidar dele. Depois de passar por um exame chamado radiografia do esôfago, estômago e duodeno (REED) em que se observou que todo o alimento ingerido pelo meu filho voltava até a garganta, ele foi diagnosticado com refluxo grau máximo.

Eu passei a viver assombrada pelos meus medos e traumas. Eu só conseguia chorar e pensar que poderia perder o meu filho a qualquer momento. Tinha medo que o terror do meu passado se repetisse e que a morte visitasse a minha família. Espiritualmente, eu estava enfraquecida pelas circunstâncias que me assolavam.

Como profissional de nutrição, eu também estava frustradíssima. Eu havia delineado no meu pensamento cada fase da alimentação do João Victor, mas não conseguia colocar nada em prática devido à sua condição de saúde.

A introdução do João aos alimentos sólidos aconteceu com muita dificuldade. Era necessário processar toda a comida que seria oferecida a ele e engrossá-la com amido de milho. Mesmo assim, ele não tinha paladar, demorava muito tempo para comer em relação ao tempo levado pelas demais crianças de sua idade e sofria constantemente com azia.

Cada mamadeira levava cerca de duas horas para ser administrada. Qualquer pedacinho de alimento que fugisse sorrateiro ao estágio do processamento fazia com que o João regurgitasse. Gripes e resfriados me davam pavor porque toda tosse provocava vômitos incessantes no meu filho.

Certa vez, cheguei a encontrar o João Victor desacordado, asfixiado pelo vômito. Peguei-o imediatamente no colo e desci as escadas do prédio desesperadamente, gritando como louca para que alguém me ajudasse. Para o meu alívio, ele acordou logo que cheguei no fim dos degraus.

Minha vida passou a girar em torno do meu filho. Além de mim, ninguém era capaz de cuidar dele. Eu sabia o ângulo exato em que ele deveria comer ou dormir sem provocar refluxo. Até os remédios deveriam ser administrados estrategicamente debaixo da língua para que ele não regurgitasse. Eu passava horas alimentando-o, insistindo cuidadosamente que ele comece a porção necessária de alimento sem regurgitar.

Todo o meu esforço foi premiado pelo ganho de peso do João. Ele se desenvolvia normalmente e não tinha complicações comuns às crianças com um tipo de refluxo tão grave como o dele. Eu consegui fazê-lo ganhar um quilo por mês, o que deixava os médicos surpreendidos.

Por outro lado, eu não tinha vida social, estava semimorta e o meu relacionamento com o Victor andava extremamente desgastado. Eu vivia para o João e, praticamente, esqueci da existência do meu marido. Contratei três empregadas para cuidar da casa e me dedicava com exclusividade ao meu filho.

Ansiando uma vida normal, o Victor me convenceu a viajar de férias para Guarapari, estado do Espírito Santo. Havia um hotel na cidade que nós costumávamos ficar e sempre tivemos boas recordações do local. Planejávamos passar sete dias juntos e, quem sabe, voltar de lá descansados e, principalmente, reconectados emocionalmente.

Dessa vez, no entanto, mal conseguimos sair do quarto. O João Victor vomitou tanto que nós tivemos que levá-lo ao hospital local. O médico que o consultou sugeriu que voltássemos imediatamente para a nossa cidade para levá-lo diretamente ao pediatra. Voltamos para o hotel apenas para refazer as malas e pegar a estrada de volta para Viçosa.

Seguimos viagem sem trocarmos uma palavra. O silêncio sepulcral entre nós em nada condizia com o barulho ensurdecedor dos meus pensamentos. Dos sete dias que tínhamos programado, ficamos apenas três na cidade e, mesmo assim, trancafiados no quarto do hotel. Passei o tempo inteiro lavando roupa suja de vômito ou processando a comida do João no liquidificador – item que se tornou de primeira necessidade – que eu havia levado na mala. O pouco tempo que nos sobrou, passamos discutindo um com o outro. Não havia mais alegria entre nós. "Que passeio é esse?" Eu estava completamente arrependida de ter arredado o pé de Viçosa. "Será mesmo que deveríamos ter insistido nesse passeio?"

Chegamos em Viçosa por volta de 17 horas e a consulta com o pediatra estava marcada para 19 horas. Ao chegarmos no consultório, o médico constatou rapidamente que o João estava desnutrido e receitou a ingestão de uma proteína líquida e injeções de antibiótico (ele também foi diagnosticado com uma infecção intestinal). Cheguei em casa exausta, dei um bom banho no meu bebê, levantei a cabeça e escolhi superar mais essa luta e cuidar do João.

Meu casamento ia de mal a pior e a saúde do meu filho parecia não melhorar. O médico sentenciou que, se até os cinco anos de idade ele não melhorasse, seria necessário fazer uma cirurgia. A nossa família estava sendo bombardeada por tensão e estresse. Já não aguentávamos mais. O João dormia no meio da cama com o Victor segurando em um de seus braços e eu o outro para mantê-lo na posição adequada.

CAPÍTULO 13

O VISTO AMERICANO

Sabemos que Deus age em todas as coisas para o bem daqueles que
o amam, dos que foram chamados de acordo com o seu propósito.

(Romanos 8:28)

Paralelamente a todas as questões de saúde e problemas conjugais que estava passando, eu ainda precisava concluir minha tese de mestrado. Desde a gravidez, quando as contrariedades começaram a aparecer seguidamente, eu já não conseguia cumprir os prazos da universidade com a assiduidade e a perfeição que eu exigia de mim mesma. Apesar de tudo isso, consegui com muito esforço manter o conceito máximo em todas as disciplinas, mas o fato de não me dedicar integralmente a algo que eu tanto apreciava me deixava profundamente decepcionada.

Me lembro de que quando eu estava, aproximadamente, com

oito meses de gestação, eu precisei da ajuda de um colega para alcançar um resultado no laboratório. Nessa época, eu tinha que fazer um experimento científico de modo a isolar uma enzima com nitidez. Eu até conseguia alcançar o resultado almejado pela professora, mas o meu trabalho não ficava com a clareza exigida por ela. Depois de seis tentativas frustradas, um colega de classe chamado Fábio, que também era evangélico e com quem eu gostava de conversar sobre as coisas de Deus, se ofereceu para me ajudar.

Sinceramente, confesso que eu não queria ajuda de ninguém. Intimamente, eu desejava fazer tudo sozinha, do meu jeito, o melhor possível, colher os frutos do meu próprio trabalho e esforço. Mas, eu precisava ser cuidadosa com a manipulação dos compostos químicos porque muitos deles eram conhecidamente cancerígenos. Além disso, com todos os incômodos e problemas que senti na gravidez, eu já estava tão cansada que aceitei com alegria a oferta do Fábio.

— Não se preocupe, Ana — ele disse. — Eu vou fazer esse experimento para você enquanto fico aqui ouvindo os louvores da Cassiane, ele me assegurou.

O Fábio e eu trabalhamos juntos enquanto eu tive forças. Entramos noite a dentro no laboratório, mas lá pelas 22 horas, eu já estava esgotada. Fui para casa enquanto o Fábio continuou lidando sozinho com o meu experimento. Por volta de meia noite, ele me telefonou feliz da vida:

— Eu consegui fazer o gel, Ana. Ele já está correndo na eletroforese e parece que a banda ficou nítida como a professora queria. Bem, quem conseguiu de verdade foi Jeová ao som de Cassiane, ele falou divertido.

Deus estava me ensinando uma lição de humildade e dependência. A partir desse dia até a conclusão do mestrado, muitas coisas aconteceram. Pouco a pouco, Deus começou a despedaçar o meu orgulho.

Concluí a minha tese somente um ano após o término das aulas da pós-graduação. A essa altura, a minha bolsa de estudos já tinha acabado e eu estava muito atrasada para a conclusão do mestrado em relação ao que eu havia projetado inicialmente.

Chegado o momento da defesa da tese, eu me sentia muito insegura. Por causa dos cuidados intensos com a saúde do João e as poucas horas de sono, eu não havia tido tempo disponível o suficiente para me preparar como gostaria e estava com medo de enfrentar os doutores da minha banca. Eu temia que eu não tivesse condições de responder às perguntas feitas por eles, porém, eu não tinha mais como adiar a última etapa que me faltava para concluir o mestrado. Não havia perspectiva de mudanças no quadro do meu filho e eu resolvi acabar com isso de uma vez.

Ao mesmo tempo que eu não me sentia preparada para os questionamentos da banca, intimamente, eu nutria a expectativa de surpreendê-los com o meu conhecimento e desenvoltura.

Cheguei na universidade, apresentei o meu trabalho e aguardei ansiosamente pela fase das perguntas. Para minha surpresa, os participantes da banca apenas conversavam entre si sem me dirigirem a palavra. De vez em quando, os seus olhares se encontravam com o meu. Eu sorria esperando algum comentário ou questionamento, mas eles pareciam não estar interessados em falar comigo.

Então, o Espírito de Deus me disse: "Eu sou na tua vida. Eu que sei de todas as coisas. Esse conhecimento não vem de ti; fui eu quem te revelei. Esses doutores não fazem perguntas porque eles não precisam de você".

Depois de duas horas em que eles passaram confabulando um com o outro, me agradeceram pelo excelente trabalho e me despediram sem uma única pergunta sequer.

Enfim, eu tinha concluído o mestrado, mas estranhamente, eu não estava feliz.

Deus me mostrou através desse acontecimento como eu estava triste por não ter sido a estrela desse episódio. Apaixonada pelo meio acadêmico, no meu coração, eu desejava que eles tivessem feito muitas perguntas e que eu pudesse desfilar a minha sabedoria. Naquela época, eu ainda não tinha consciência disso, mas hoje eu entendo que fiquei triste porque a estrela foi o Senhor e não eu. Eu me senti extremamente frustrada porque conquistei uma grande vitória entregue de bandeja por Deus e não por meus próprios méritos.

A primorosa tese de mestrado me rendeu a publicação de mais um trabalho científico. Como consequência, eu me inscrevi para o curso de doutorado da UFV e, mais uma vez, fui aprovada com bolsa da CAPES com começo das aulas previsto para agosto de 2002.

Estávamos ainda no início do ano e eu teria tempo suficiente para planejar o meu reingresso com força total no mundo acadêmico. Em poucos meses o João completaria o primeiro ano de vida. Uma vez que ele alcançasse esse marco, eu pretendia matriculá-lo em uma creche e iniciar um tratamento homeopático para o refluxo.

Enquanto eu fazia planos para o doutorado, uma grande oportunidade profissional se evidenciou para mim. Fui convidada para coordenar o curso de Nutrição da primeira faculdade particular que seria inaugurada em Viçosa. Eu estava exultante! Esse seria o início da minha sonhada carreira como professora universitária.

***

Entre os anos de 2001 e 2002 eu tive várias crises de vesícula. Por causa da atenção e cuidados constantes com o João, o Victor e eu decidimos adiar a cirurgia de remoção do órgão o máximo possível até que em fevereiro de 2002 eu tive uma grave crise e fui levada às presas para o hospital para ser submetida a uma laparoscopia.

A cirurgia de retirada da vesícula pelo umbigo foi simples e correu como prevista. No entanto, como o órgão já estava muito inflamado, a demora na cirurgia fez com que a inflamação afetasse o fígado que ficou com vários focos de pus. Tomei antibióticos por um longo tempo, mas ainda assim, 60 dias após a cirurgia eu ainda sentia febres ocasionais.

Após várias trocas de antibióticos e sem perspectiva de melhora, os médicos sugeriram que eu mudasse de remédio pela última vez. Se essa derradeira tentativa de resolver o caso não funcionasse em 20 dias, a única saída seria passar por um novo procedimento cirúrgico, mas dessa vez, muito mais complicado. Os médicos disseram, grosso modo, que abririam o meu abdome para lavar o fígado.

Eu não aguentava mais tantas consultas e problemas de saúde; nem tampouco o Victor se sentia em condições de lidar com mais um revés. Recorri a Deus em uma oração de súplica e desespero: "Senhor eu preciso da cura. O que está acontecendo comigo? Sou fiel e dedicada a ti. Por que estou sendo tão provada?"

Para qualquer lugar que eu olhasse eu só enxergava problemas. O meu casamento não estava muito bom. A enfermidade estava na nossa casa com o refluxo do João Victor e, agora, essas complicações com a minha vesícula. Eu não entendia como Deus poderia permitir que tudo isso estivesse acontecendo apesar do meu amor e adoração a ele.

Cumpridos os 20 dias, voltei ao consultório para fazer mais um ultrassom. Eu me sentia melhor e a febre tinha dado uma trégua, mas era preciso confirmar que a minha saúde estava bem através dos testes. Felizmente, todos os focos de pus tinham desaparecido.

Aparentemente, a única esfera da minha vida que ainda não havia sido afetada era a prosperidade financeira. Graças ao legado deixado pelo papai, nós recebíamos o aluguel de três apartamentos. Além disso, o Victor continuava trabalhando em dois empregos.

Um domingo, porém, durante o culto da escola bíblica pela manhã, a irmã Ana Cesarino, uma crente fervorosa e respeitada pelos irmãos da congregação, aproximou-se de mim com grande choro, mas sem dizer uma palavra. Até que, finalmente, diante da minha perplexidade, ela disse que tinha um recado de Deus para me entregar, mas temia pela mensagem.

— Irmã, por favor, fale o que é em nome de Jesus — eu disse. — O que é que a senhora tem da parte de Deus para mim?

— Eu sei que você é muito próspera, irmã, e sei também que você tem sido provada em várias esferas da sua vida, mas o Senhor manda te dizer que ainda falta uma prova e é na área financeira.

Eu escutei aquela palavra sem duvidar, mas ao mesmo tempo, eu pensava como isso poderia acontecer. Fiquei imaginando o que poderia dar errado quando todos os sinais apontavam para um caminho de mais sucesso financeiro em nossas vidas. Nossas perspectivas eram as melhores possíveis com a proximidade da graduação do Victor em apenas três meses, o que significaria um aumento significativo no salário dele. Eu, por outro lado, começaria brevemente o doutorado com bolsa e assumiria a coordenação e docência do curso de Nutrição na faculdade particular. Eu guardei aquela palavra no meu coração.

Com a aproximação do mês de abril de 2002, eu comecei a planejar o aniversário do João. Um ano após o nascimento do meu filho, eu tinha muito a comemorar. Era a primeira vez desde o acontecimento do aborto espontâneo, a gravidez difícil, o parto do João, o episódio do umbigo e a descoberta do refluxo que, finalmente, eu me sentia capaz de administrar as novas exigências configuradas a partir da chegada do bebê. Não que o João tivesse sido curado ou que a vida estivesse tranquila, mas, agora, eu havia aprendido a lidar com as condições de saúde do meu filho.

Com a chegada do João eu passei a reorganizar minhas prioridades. O meu filho figurava com vantagem no primeiro lugar da lista de importância da minha vida. Incansável no papel de mãe, eu deixei a desejar como mulher e esposa. Minhas necessidades pessoais e as frivolidades que tornam a vida mais leve já não tinham a menor importância para mim. Até mesmo o Victor foi sendo deixado de lado à medida que eu me dedicava ao nosso filho.

Qualquer atividade que envolvesse o João precisava ser planejada meticulosamente. Até o momento, ele era filho único de uma mãe perfeccionista e eu não media esforços para vê-lo bem e saudável. Eu vivia em função da alimentação e cuidados com o João Victor. Consegui impedir que ele desenvolvesse as doenças comumente relacionadas ao refluxo, como otite e pneumonia.

Contrariando as previsões médicas, o meu filho não emagreceu ou apresentou déficit nutricional. Ao contrário, ele ganhou um quilo por mês e se desenvolveu normalmente de acordo com a tabela de peso e altura da Organização Mundial de Saúde. Até os médicos começaram a duvidar que o João tivesse um grau de refluxo tão avançado, mas só eu sabia o preço da abnegação que tive que pagar para alcançar os bons resultados a cada consulta.

As pessoas com quem eu convivia julgavam exagerado tanto cuidado. Eu estava sempre esgotada, é verdade, mas preferia o estresse físico e emocional de cuidar do João no dia a dia a lidar com internações e cirurgias que pudessem ser evitadas.

Nada escapava ao meu arsenal antisséptico e até os brinquedinhos do meu filho eram limpos diariamente com álcool gel.

As poucas refeições fora de casa exigiam uma verdadeira operação de guerra. Eu saía na frente com o João no colo enquanto o Victor carregava os inúmeros utensílios do menino. Para onde quer que eu fosse com o bebê, levava uma cadeira de alimentação especial com a inclinação cuidadosamente calculada para ajudar na ingestão sem causar refluxo, além de uma bolsa gigantesca com diversos babadores e potinhos de alimento preparados e peneirados com antecedência em casa.

Nessas ocasiões, eu observava as crianças da idade do meu filho chupando pedacinhos de carne de churrasco e me partia o coração ver que o meu menino precisava de tantos cuidados, mas com exceção da questão alimentar, o João Victor era uma criança normal e feliz.

Apesar de todo o esgotamento, eu preparei com alegria e entusiasmo a sonhada festa do primeiro aninho do meu filho. Para a ocasião, contratei um *buffet* e aluguei o salão na cobertura do clube em Viçosa onde reuni familiares e amigos. Tínhamos muito a comemorar. Todos os esforços estavam sendo recompensados com a saúde do nosso filho. O João era um presente de Deus para as nossas vidas. No dia do aniversário, gravamos um vídeo e enviamos para os parentes em Boston. Falamos da saudade que sentíamos e do quanto desejávamos algum dia estar juntos novamente.

Se por um lado o cuidado extremo com o nosso filho tinha resultado em benefícios para a sua saúde, por outro, não se podia falar o mesmo do meu casamento. A relação entre o Victor e eu estava muito esmorecida. Não havia outro assunto entre nós que não envolvesse a palavra refluxo. Eu não tinha tempo e nem disposição para o papel de esposa e fazia um estardalhaço por qualquer cobrança nesse sentido.

Estressadíssima, eu não era uma pessoa positiva. Meu marido já não tinha prazer na minha companhia e procurava distanciar-se de casa o máximo possível. Nesse momento de nossas vidas, a necessidade da obra de Deus tornou-se uma justificativa razoável para a ausência constante do Victor. As carências da igreja tornaram-se prioridade para ele. Sem que percebêssemos, entramos em um ciclo vicioso. Quanto mais eu reclamava, mais o Victor se ausentava.

Por volta desse tempo, pouco depois do aniversário do João, o Victor recebeu um telefonema do seu irmão André que morava nos Estados Unidos. Animado, meu cunhado disse que viria ao Brasil juntamente com alguns irmãos de Boston para participar de um grande evento na cidade de Camboriú, Santa Catarina. O André convidou o Victor a juntar-se à caravana que estava a caminho do encontro dos Gideões Missionários.

— Vem, cara, eu pago a passagem para você — ele disse. — Eu quero muito te ver e quero conversar contigo sobre as coisas que estão acontecendo aqui. Eu estou passando por um avivamento muito lindo em Boston. Deus está fazendo coisas excepcionais no nosso meio.

O André explicou, ainda, que o pastor Ouriel de Jesus, o nosso primeiro pastor quando aceitamos a Jesus em Boston, estaria pregando no congresso dos Gideões. Apesar do pouco tempo de convívio, tínhamos uma grande admiração, respeito e carinho pelo pastor. Seria uma oportunidade excelente do Victor revê-lo e matar saudades do homem de Deus que teve um papel tão valioso na nossa vida cristã.

Convencido, o Victor partiu para o sul do país para encontrar-se com a caravana de Boston presente ao evento em Camboriú.

Os dias longes de Viçosa fizeram bem para o meu marido. Ele voltou impactado pelo mover de Deus, renovado no seu espírito e muito compreensivo comigo. Ele estava exultante com tudo o que tinha presenciado em Santa Catarina e fez questão de me contar todos os detalhes.

Ouvi atentamente tudo o que ele me falou sobre o que tinha acontecido no evento. A situação em casa não havia mudado, mas eu percebi que o Victor regressou diferente. Ainda que eu não desse nada em troca, ele conseguiu voltar a ser carinhoso comigo e me dar o conforto espiritual que eu tanto precisava dele. Ele voltou avivado!

Depois da viagem a Camboriú, o Victor teve o desejo de ir aos Estados Unidos para rever a sua mãe. Há anos nosso contato com a Dora estava restrito aos telefonemas semanais. As férias de julho estavam se aproximando e seria o período perfeito para descansar, fugir da rotina e voltar com energia renovada para as novas atribuições profissionais que assumiríamos em agosto. Generoso, o meu cunhado André nos presenteou com as três passagens.

Como nossos vistos já estavam vencidos, precisávamos ir até a embaixada americana em Brasília para renová-los. Já tínhamos passado pelo trâmite anteriormente e não imaginávamos que haveria qualquer dificuldade. Pegamos nossos contracheques para servir como prova de nosso vínculo com o Brasil e seguimos de avião para a capital federal.

Já na fila da embaixada, observamos a tensão reinante entre os presentes. O burburinho das pessoas temerosas, no entanto, não roubou a minha tranquilidade. A vida da nossa pequena família estava bem estruturada no Brasil e não havia motivo nenhum para nos mudarmos para a América. Nossos planos estavam minuciosamente arquitetados para o futuro brilhante que ansiávamos construir em Viçosa.

A essa altura, eu já tinha preparado toda a grade curricular do curso de Nutrição para a faculdade particular onde eu seria coordenadora e professora. A minha carreira como docente estava prestes a se iniciar e eu não poderia estar mais feliz. Além disso, o doutorado teria início em pouco tempo e eu já sentia falta dos laboratórios de pesquisa.

O Victor, por sua vez, estava prestes a se formar. Os anos de experiência como professor de inglês foram aceitos como crédito para o estágio requerido no fim do curso de Letras. Ele precisaria cumprir apenas o equivalente a 90 dias na carga horária e concluiria o curso com louvor.

Para a nossa surpresa, porém, a atendente consular negou o nosso visto sem nenhuma explicação aparente. Ficamos sem entender... "Por que o visto foi negado se estávamos falando a verdade?"

A primeira reação que tivemos foi de um grande desapontamento. Mas, como tínhamos ouvido falar de várias pessoas que tiveram o visto americano negado sem uma justificativa viável, resolvemos tentar mais uma vez.

Como não tínhamos tempo hábil para dar entrada novamente com todo o processo, apelamos para um tio do Victor. Morador de Brasília e professor universitário, o tio Paulo Kramer tinha uma aluna que trabalhava na embaixada dos Estados Unidos e que poderia nos ajudar. Por meio dela, nós conseguimos remarcar a entrevista para o mesmo mês, sem garantias, no entanto, que o visto seria emitido.

Viajamos mais uma vez com toda a família com destino ao Distrito Federal. A viagem de avião, embora rápida, era estressante e cansativa por causa da condição de saúde do João Victor. Para onde quer que eu fosse com ele, tinha que carregar pudim de baunilha, um dos poucos alimentos que ele conseguia comer sem regurgitar.

De volta à embaixada, fomos atendidos pela mesma pessoa. Explicamos, então, que iríamos de férias visitar a família que morava nos Estados Unidos e que participaríamos dos eventos da igreja. Afirmei categoricamente que não tinha intenção nenhuma de ficar nos Estados Unidos. Eu tinha raízes no meu país e ela poderia confiar em mim piamente.

— Não sei o porquê, mas eu não acredito em vocês, ela disse. — façamos assim, ela continuou. — Eu quero que vocês voltem aqui com uma carta da igreja que vocês estão falando que querem ir e, também, com uma prova da condição de imigração do seu irmão, ela disse referindo-se ao André, irmão do Victor .

E como meu sogro iria conosco para fazer uma revisão de cirurgia de catarata que ele havia feito em 2001 em Boston, ela exigiu também uma cópia do agendamento da consulta.

Ao deixar o prédio, o Victor ligou para o André nos Estados Unidos para contar como tudo se sucedeu na entrevista daquela manhã. No momento do telefonema, o pastor Geziel se encontrava junto com o André e pediu para falar com o Victor.

— Vocês não estão arrombando porta nenhuma — ele disse. — Quem está impedindo vocês de chegarem aqui é o Diabo. Nós vamos orar agora e Deus vai dar a vitória.

Retornamos para Viçosa mais uma vez e remarcamos a terceira entrevista para a semana seguinte. Dessa vez, eu fiquei em casa com o João, aguardando ansiosa pelo resultado daquela entrevista de visto que sairia no mesmo dia, às 15 horas. O Victor levou os documentos exigidos e, para a glória de Deus, os vistos de entrada para os Estados Unidos foram emitidos para 90 dias de validade.

Depois de tantas idas e vindas a Brasília, finalmente, chegou o dia da viagem e nós estávamos com a documentação em ordem. Saímos de Viçosa no dia 4 de julho de 2002 em um carro guiado pelo Rodrigo. Com o automóvel abarrotado de malas, seguimos para o aeroporto do Rio de Janeiro para as sonhadas férias em Boston.

As cinco horas previstas de viagem do percurso Viçosa-Rio de Janeiro foram se estendo para seis, sete, oito, nove... vários imprevistos aconteceram pelo caminho que me fizeram compreender a guerra espiritual que estávamos enfrentando.

Estranhamente, o pneu do carro furou em duas ocasiões. O Victor já ficou ressabiado e começou a orar pedindo que Deus tomasse a frente e abrisse o caminho.

Para piorar, o João Victor vomitou durante todo o percurso. Nada parava em seu estômago, nem mesmo o pudim de baunilha. No trecho final, ele só fazia o som do vômito porque nem bile ele tinha mais para expelir. Fizemos várias paradas na esperança de que ele melhorasse, mas nada parecia adiantar. E, como se isso já não fosse bastante, o menino estava febril em decorrência de uma vacina tomada no dia anterior.

Na estrada, conseguimos entrar em contato com o meu sogro que seguiria viagem conosco. Pedi que ele providenciasse soro por via oral para hidratar o João Victor assim que nos encontrássemos no Rio.

O Victor orava o tempo inteiro clamando a Deus que removesse os empecilhos. Ele entendia no seu espírito que o Diabo queria impedir nossa chegada aos Estados Unidos de qualquer maneira.

Chegamos no aeroporto às pressas quando faltavam apenas 40 minutos para o embarque. Não tive tempo nem de me trocar e entrei no avião completamente fedida a vômito. Parecia que a gente estava fazendo tudo errado, mas eu já estava tão quebrada, tão quebrada, tão quebrada que me permitia apenas ser guiada sem nenhuma reação.

Como o João Victor parou de vomitar durante o voo, finalmente, consegui fazer com que ele tomasse o antitérmico e a febre baixou. O meu filhinho estava exausto e muito abatido. Em pouco tempo ele pegou no sono e eu me dei conta de como eu estava cansada! Pedi a Deus que nos desse uma viagem tranquila de agora em diante. Eu já não suportava mais tanto estresse.

Chegamos em Boston depois de dez horas de voo. Eu estava esgotada depois de tudo que enfrentamos, mas feliz por, finalmente, poder ter um pouco de descanso e paz.

O meu cunhado André já nos aguardava no aeroporto com um sorriso estampado no rosto. No colo, ele carregava a pequena Julie, nossa sobrinha que ainda não conhecíamos. Foi a melhor recepção que poderíamos ter tido. A Julie tinha basicamente a mesma idade do João e era uma menininha encantadora, tagarela e muito esperta. Como era bom estar em família.

CAPÍTULO 14

A MUDANÇA

Muitos são os planos no coração do homem, mas o que prevalece é o propósito do Senhor.

(Provérbios 19:21)

Como foram excelentes os primeiros dias nos Estados Unidos. Passamos por um período de refrigério que tanto desejávamos e precisávamos. Chegamos no verão americano. As cidades arborizadas, limpas e seguras eram um convite aos passeios.

Revi a minha sogra que redecorou o porão da sua casa para a nossa chegada. Ela transformou o espaço em uma sala de brinquedos para o encontro dos netos. Caprichosamente, ela deixou ao nosso alcance tudo que poderíamos precisar para o uso do João: lenços umedecidos, fraldas descartáveis e até um frigobar com, adivinhe só, muitos potinhos de pudins de baunilha. Me senti tocada por todo o amor e gentileza que ela teve conosco.

Além da Julie, o João Victor conheceu também os priminhos Nicholas e David, todos com idades semelhantes. Tive momentos deliciosos compartilhados com a família que me trouxeram um contentamento legítimo e um bálsamo que há muito tempo eu precisava.

Nessa época, a igreja em Boston passava por um grande mover do Senhor. Os cultos estavam sempre lotados de pessoas em busca do avivamento. Os irmãos viviam no dia a dia experiências extraordinárias com o sobrenatural de Deus.

Eu me sentia muito bem na igreja, não apenas por ter sido o local da minha conversão, mas porque o ambiente avivado de busca pelos dons e manifestação do Espírito Santo já me era familiar. Nossa igreja em Viçosa também era avivada.

Muitas vezes, no Brasil, o pastor Getúlio compartilhava conosco sobre os mistérios revelados pelo Senhor. Semelhante ao pastor Ouriel nos Estados Unidos, o pastor Getúlio tinha uma história de fé e obediência. Ele deixou tudo o que havia construído para trás e começou uma igreja na garagem de sua casa com os quatro filhos ainda pequenos. Os caminhões de mudança deixaram o Rio de Janeiro e chegaram em Viçosa para o começo de uma vida nova dedicada ao Senhor no campo missionário, assim como aconteceu com o pastor Ouriel.

A princípio, planejávamos ficar um total de 20 dias de férias em Boston. Tudo estava correndo perfeitamente bem e, com uma semana depois de nossa chegada, eu já comecei a me preparar para voltar para casa. Guardei nas malas as roupas que já não iria usar, mas, principalmente, preparei o meu coração para retomar os planos que tinha deixado no Brasil. Eu estava muito feliz por ter reencontrado com a família e conhecido os pequenos Ornelas, mas o tempo de voltar estava se aproximando.

Faltavam menos de quatro dias para retornarmos ao Brasil quando algo surpreendente aconteceu. Era uma noite de terça-feira e, por alguma razão que eu não me recordo, o Victor foi sozinho para o culto. Quando ele chegou de volta em casa, eu já estava deitada, quase dormindo. Ele deitou-se ao meu lado na cama, me deu um beijo e, então, começou a falar:

— Ana Paula, eu não posso dormir sem te falar algo importante que aconteceu.

Os meus olhos ficaram arregalados com o suspense em seu tom de voz, mas eu não tinha ideia da bomba que cairia sobre minha cabeça.

— Eu tive uma experiência fantástica com Deus hoje na igreja. Foi algo tão tremendo que eu tenho convicção absoluta que foi o próprio Deus quem falou comigo, ele continuou.

— Alguém foi usado em profecia? — eu perguntei atemorizada. — Será que teríamos mais dificuldades pela frente?— cogitei sem revelar meu pensamento.

— Não! — ele respondeu categórico. — Foi Deus quem falou diretamente comigo. Ele disse que não é para voltarmos para o Brasil.

— O quê? Eu disse sem acreditar no que estava ouvindo.

Ele repetiu:

— Deus falou para mim que nós não devemos voltar para o Brasil porque ele tem uma obra comigo aqui na América.

"Que loucura é essa?" Eu pensei. Eu não conseguia crer que eu, realmente, estava ouvindo o que ele tinha acabado de me falar. Eu não podia aceitar isso. "O Victor deve estar enlouquecendo".

— Mas se Deus falou com você, ele vai falar comigo também. Como é que Deus vai falar só com você e não vai falar comigo, Victor? Argumentei.

Sabedor do peso de renúncia que ele despejou sobre mim, o Victor respondeu:

— Ana Paula, se Deus falou comigo significa que ele já falou com você também porque nós somos uma só carne e eu sou o sacerdote da nossa família. Você tem que acreditar nas minhas palavras. Eu sei a gravidade do que eu estou falando. Deus pode me usar para falar com você. Se você não quiser acreditar nisso, eu vou embora com você para o Brasil, mas você vai pagar o preço da sua escolha.

Eu não estava disposta a pagar o preço da desobediência, mas também abrir mão dos meus sonhos? Quantos anos de dedicação e trabalho eu havia investido na minha carreira até alcançar o patamar que eu cheguei e, agora, jogar tudo para o alto assim, sem planejamento, de uma hora para a outra?

E o que falar do Victor quando faltava tão pouco para completar a universidade? Como ele conseguiria abandonar tudo com tanta facilidade? E a nossa casa cuidadosamente mobiliada? E o tratamento do João? E meu irmão? E meus parentes? E nosso pastor?

Eu chorei a noite inteira... eu não podia acreditar no que estava acontecendo. Eu me perguntava se era comum Deus agir desta forma. Deus faz surpresas? Por que Deus não nos avisou tudo isso no Brasil? Eu tinha muitas dúvidas.

Eu temia pelo nosso futuro e meu coração ficou muito dividido. A minha relação com o Victor ainda estava abalada, a gente conversava pouco e as demonstrações de carinhos eram cada vez mais raras. Como ele poderia esperar que eu aceitasse essa loucura?

E o que falar da minha carreira? Eu não podia compreender que Deus quisesse que eu renunciasse à profissão que ele mesmo me deu, a porta que ele abriu para mim, o caminho que ele se utilizou para me refazer como pessoa. Foi através da universidade que Deus trabalhou na minha vida para conferir a estrutura emocional, o amor próprio e a segurança que eu utilizei como sustentáculo diante das tantas perdas que eu tive na minha vida. A construção da minha carreira profissional foi a primeira vitória após tantas perdas. E agora Deus estava me pedindo para renunciar?

Com a ajuda de Deus e o meu esforço eu provei para a sociedade que, apesar do sofrimento, eu fui capaz de vencer na vida e superar as perspectivas funestas que as pessoas tinham quanto ao meu futuro. Como Deus poderia me pedir isso? Não fazia sentido.

Desde o momento em que eu firmei o objetivo de trilhar o caminho da educação para a alcançar os meus sonhos, eu não olhei para trás. Nos cinco anos do curso de Nutrição eu participei de todos os congressos possíveis. Eu rodei o país para me manter atualizada, eu construí um currículo impecável, eu estava prestes a assumir um posto importante de trabalho e dar início ao doutorado. Deus me deu tudo isso e, agora, eu precisava escolher entre minha carreira e a vontade de Deus? Mas, por que ele me deixou estudar, então?

Eu me sentia tão perdida e só... nem com o Victor eu conseguia falar sobre a dor que sentia porque ele não compreenderia a profundidade da minha renúncia. Tínhamos valores tão diferentes. Ele não apreciava o sucesso acadêmico como eu. Aliás, ele nem teria entrado na universidade se não fosse por muita insistência. Se isso fosse um objetivo na vida dele, ele teria feito vestibular no ano em que chegou em Viçosa e, consequentemente, já estaria graduado. Mas, isso não tinha o mesmo valor para o meu marido. Enfim, a minha dor era somente minha e nessa noite e eu tive que morrer para mim mesma e enterrar os meus sonhos.

Passei a noite inteira em claro, chorando e tentando encontrar alguma explicação que fizesse sentido. Vivi o dilema mais difícil da minha vida. De um lado eu tinha o desejo real de obedecer a Deus e, de outro, eu não sabia como eu poderia renunciar às conquistas que ele mesmo me deu. Foi uma longa noite de angústia e tentativas vás de compreender os planos de Deus, mas quem é o homem na sua limitação para entender a vontade soberana de Deus? Me cabia apenas aceitá-la pela fé e amor.

Ao amanhecer eu percebi com clareza que viver fora dos planos do Senhor não era uma opção para mim. Eu não conseguiria levar a minha vida adiante fora dos propósitos de Deus. Eu não poderia viver sem o meu esposo e nem com a certeza de que eu o havia entristecido por desobedecer uma ordem do Senhor. Ainda assim, era inacreditável que aquilo estivesse acontecendo. Eu jamais poderia imaginar que Deus exigiria isso de mim.

Então, eu tomei a minha decisão com o coração quebrado. Eu escolhi Deus porque eu também tenho a minha parte no chamado do Senhor para o ministério do meu marido. Pela fé, somente pela fé, eu escolhi ficar nos Estados Unidos e renunciar os meus sonhos. Eu confiava que o Senhor tinha feito essa ordenança, mesmo que o meu desejo fosse voltar imediatamente para os planos traçados minuciosamente por mim para o meu futuro no Brasil.

Decidida a ficar nos Estados Unidos, comecei o dia anunciando para o Victor que precisávamos fazer alguns telefonemas. Ainda que eu estivesse ferida, eu sabia que era hora de enfrentar as pessoas, anunciar nossa decisão e assumir as consequências das escolhas que tínhamos feito.

Liguei para meu irmão que ficou completamente sem reação. Liguei para minha avó Glorinha que disse que estávamos fazendo uma loucura. Liguei para minha orientadora explicando que não poderia assumir o doutorado, pois não voltaria mais para o Brasil. Perplexa, ela me perguntou:

— Por que você tomou a vaga de alguém, Ana Paula, se não pretendia assumir o curso?

Eu tentei me explicar. Respondi que, a priori, eu não tinha intenção de ficar.

— Foi apenas uma viagem de férias, mas... agora, eu vou ter que ficar, eu falei.

— Como assim? — ela indagou. — Como alguém não sabe que está de mudança para o exterior?

Eu fiquei calada. Que resposta plausível eu poderia dar se nem mesmo eu compreendia.

Liguei também para o pastor Getúlio para dar uma satisfação. Talvez, por causa do seu histórico, ele compreendesse. Mas nem o nosso pastor aceitou nossa mudança. Ele disse que esta não era a vontade de Deus para a nossa vida porque o Senhor não havia falado nada com ele.

Precisávamos decidir sobre o que fazer com os nossos pertences que tinham ficado no Brasil. Telefonei para a nossa ajudante e tive que demiti-la pelo telefone. Orientei-a a ficar com minhas roupas, a encaixotar nossos pertences e colocar tudo em um quarto do apartamento.

Também telefonei para o presbítero Fábio, um amigo e irmão da igreja que nós confiávamos. Pedi que ele fosse morar em nosso apartamento e cuidasse do nosso imóvel até que ele concluísse o curso de doutorado e, então, nós tomaríamos uma decisão do que fazer.

Por sua vez, o Victor ligou para os dois empregos e pediu demissão. Também ligou para a universidade e se informou, a princípio, como trancar a matrícula do curso de Letras (depois de dois anos foi dado como abandono de curso).

Nesse dia, passei horas ao telefone resolvendo todas as pendências possíveis. Quando, finalmente, acabei de fazer todas as ligações necessárias, me senti solta no espaço. Parecia que o meu chão havia sido subitamente removido e que eu estava morta. Pouca coisa fazia sentido para mim.

Mesmo a família do Victor nos Estados Unidos não compreendia uma decisão tão abrupta. Todos ficaram muito, mas muito surpresos mesmo. Minha sogra sugeriu que nós voltássemos, pelo menos, para buscar nossas roupas e demais pertences pessoais. A tia Ana nos aconselhou a voltar de vez para o Brasil, pois a vida de imigrante indocumentado não era fácil nos Estados Unidos. O único apoio que recebemos na decisão de ficar na América veio do meu cunhado André. Com muita fé no chamado de Deus para as nossas vidas, ele disse: "Victor, o Senhor vai te abençoar".

Assim, comecei a minha vida na América: sem emprego, sem casa, sem sonho, mas em obediência e fé. Alugamos um espaço reformado no porão da casa do meu cunhado André onde havia uma pequena cozinha, banheiro e um quarto. Tanto o André quanto sua esposa Dhaiane estavam muito felizes em nos receber e cuidava de nós com muito carinho. Aliás, eu sou grata pelo coração grande e bom dos meus cunhados. Inclusive, foi o André quem nos presenteou com a aliança de noivado anos atrás e, agora, junto com a sua esposa, nos apoiava em cada passo que dávamos em nossa nova vida nos Estados Unidos.

O Victor havia feito um propósito com Deus e pediu três respostas ao Senhor como sinal de que deveríamos ficar nos Estados Unidos. O primeiro sinal era que nós não vivêssemos ilegalmente no país nem um dia que fosse. O segundo sinal, o mais difícil na minha opinião, era que Deus trabalhasse na minha vida para aceitar ficar nos Estados Unidos. O terceiro e último sinal era que Deus descortinasse o mundo espiritual para ele. Ele queria não apenas assistir, mas fazer parte do avivamento que acontecia em Boston.

Quanto a mim, eu já havia me rendido a Deus. Quanto a Deus, ele já estava abrindo o mundo sobrenatural para o Victor. O único sinal que nos restava era em relação à legalização no país.

Desta forma, solicitamos uma reunião com o pastor Ouriel na igreja. Muito atencioso e prestativo, o pastor nos recebeu com carinho. O Victor explicou toda a experiência que ele teve com Deus que o motivou a ficar nos Estados Unidos. Então, o pastor parafraseando o versículo de Lucas 24:49, disse: "Não é lícito que você saia de Jerusalém sem que do alto você seja revestido de poder".

Ele disse que assinaria com prazer os formulários de entrada para solicitação do visto para pastores e trabalhadores religiosos (R1). Quando estávamos prestes a deixar o gabinete pastoral, ele nos fez uma pergunta pouco usual:

— Vocês têm imóveis no Brasil?

Ao que o Victor respondeu afirmativamente, ele nos disse:

— Vende tudo, pois o Senhor tem uma obra com você aqui.

Então o meu mundo desabou de vez. Manter os imóveis no Brasil era o resquício de segurança que eu precisava para recomeçar a vida caso tudo isso fosse temporário.

Eu procurei me ajeitar nos Estados Unidos como podia, mas o meu coração estava no Brasil. Diferentemente de muitos conterrâneos que emigraram do Brasil para a América com a esperança de encontrar melhores condições de vida, a minha mudança repentina foi um sacrifício em obediência a Deus. Enquanto muitos chegam com o coração em festa, o meu estava aflito e angustiado pela incerteza do que Deus tinha reservado para mim aqui. Eu precisava confiar no Senhor mesmo diante de circunstâncias que pareciam completamente desfavoráveis.

Foi na terra da prosperidade que Deus me provou financeiramente. Foi nos Estados Unidos que a profecia da irmã Ana Cesarino se cumpriu e a minha vida próspera e sonhos acalentadores começaram a dar lugar a uma rotina de dinheirinho contado e economizado com sacrifício.

Antes que se completassem 90 dias a contar da data que demos entrada na solicitação de alteração do nosso *status* imigratório, os nossos novos vistos chegaram. Desta forma os três sinais propostos pelo meu esposo foram compridos pelo Senhor.

Desde a vez anterior em que morou na América, o Victor já tinha o *social security*, um documento equivalente ao cadastro de pessoa física (CPF). De posse do *social*, ele conseguiu dar entrada ao processo de requerimento e testes para a carteira de habilitação que, também, tem a função de uma carteira de identidade.

Para mim, a aquisição desses documentos foi um pouco mais complicada tanto pela burocracia quanto pelos aspectos emocionais envolvidos. O visto emitido para mim através da solicitação da igreja foi o R2, ou seja, dependente do Victor que conseguiu o visto religioso (R1). Em resumo, eu não poderia trabalhar ou estudar e nem mesmo requerer o meu *social*. Precisei solicitar um documento chamado *social security denial letter* que, nada mais é que uma carta indicando que eu estava inelegível para o social, mas que através desse documento eu poderia requerer a minha carteira de habilitação.

Logo eu que aprendi tão cedo na vida a ser independente, a cuidar de mim mesma, a lutar e conquistar os meus sonhos. Agora até mesmo os documentos indicavam que eu não tinha uma vida própria. Eu estava vivendo em outro país apenas como acompanhante do meu marido. Não havia condições de ter os meus sonhos concretizados nessa terra. Eu estava realmente quebrada, dependente de Deus.

No pequeno porão reformado que morávamos, ajeitamos o berço no quarto e o João Victor passou a dividir o mesmo espaço conosco. Ele tinha pouquíssimas roupas, apenas as que eu trouxe na mala, mas logo o inverno chegaria e nós precisaríamos comprar, mas com que dinheiro? Quantas vezes eu passei horas em claro olhando para o nosso quarto apertado, me lembrando de todo o cuidado que eu tive na preparação do quartinho do João no Brasil. Quanta diferença!

Para nos manter financeiramente, o Victor conseguiu um emprego no restaurante no André e, nas horas vagas, dava aulas de inglês para os imigrantes brasileiros na região. Já não estávamos de férias...

a vida dura de imigrantes na América logo se apresentou para nós tal como é. Pagávamos um aluguel de 700 dólares por mês que representava 50 por cento da renda mensal que o Victor recebia no restaurante. Os parentes seguiam suas próprias rotinas e não podiam nos dar assistência integral como quando estávamos de visita.

Pouco a pouco, eu fui me isolando da sociedade. Eu queria me esconder em uma bolha e não falar com ninguém. Sem assunto, sem alegria, sem motivação, eu me fechei para o mundo. Eu não tinha motivos para dialogar com as pessoas. Falar o quê?

Nossas escolhas não faziam sentido para ninguém. Eu nem telefonava para os parentes no Brasil temendo o óbvio, ou seja, eles não entenderiam a insensatez que tínhamos escolhido viver. Como eles poderiam acreditar que nós não tínhamos planejado a mudança definitiva? A não ser alguém tão temente a Deus a ponto de ter coragem de fazer o mesmo, ninguém acreditaria na nossa história.

Estávamos vivendo em dificuldades e a solução aparente, as pessoas iriam me dizer, seria voltar de imediato para o Brasil. Mas, viver fora da vontade do Senhor estava fora de cogitação. Somente quem vive a vontade soberana de Deus pode compreender o que nós passávamos.

Nesse tempo, sem perspectiva de realização profissional, eu comecei a esconder das pessoas que eu era nutricionista. A lembrança dos meus cursos e das experiências galgadas até minha realização profissional no Brasil me traziam angústia e abatimento.

O pouco de dinheiro que trouxemos do Brasil para gastar nas férias foi utilizado para aquisição de utensílios e móveis de casa, como o berço do João. Já não íamos para lugar nenhum, a não ser para a igreja.

Fora os cultos que eu frequentava, a minha vida foi perdendo o sentido. Eu não queria fazer nada além de dormir... eu dormia até as duas horas da tarde. Eu não conseguia aceitar que a partir de agora, todo aquele sacrifício, tudo o que eu estudei, não teria mais valor ou utilidade. Eu não conseguia aceitar que eu tinha perdido o meu tempo e, principalmente, que todo o caminho anteriormente trilhado não tivesse sido guiado por Deus. "Será possível que aquilo tudo não era propósito do Senhor na minha vida?", eu me lamentava.

Um dia eu me lembrei de que, durante as aulas de mestrado, eu tinha lido muitos artigos científicos de uma famosa pesquisadora do Instituto de Biologia Molecular da Boston University. Aquela recordação me trouxe uma esperança. Ela foi como um ponto de luz no momento sombrio em que eu vivia. Não perdi tempo e decidi entrar em contato com ela.

Enviei um e-mail explicando que eu tinha acabado de defender minha tese no Brasil. Em anexo, encaminhei uma cópia do artigo da minha tese, expliquei os equipamentos que manuseei e, finalmente, disse que eu tinha me mudado recentemente para os Estados Unidos e estava morando, justamente, na área da grande Boston. Em poucos dias, ela me respondeu e me convidou a visitar o laboratório em que ela trabalhava próximo ao Boston Medical Center.

Ainda sem conhecer bem a cidade, eu pedi que a Dhaiane me levasse a esse encontro. Carreguei comigo a minha tese, prova escrita do meu excelente desempenho acadêmico. Conversei com ela com o meu inglês quebrado e logo percebi que não havia preconceito nenhum, que no campo de pesquisas e universidades havia abertura para os estrangeiros e que, na verdade, muitos estudantes e pesquisadores eram oriundos de outros países.

Ela me recebeu muito bem e ficou impressionada com os equipamentos que eu utilizei no Brasil. Uma máquina em especial que eu manuseei na UFV, um equipamento de análise de amostra chamado HPLC, era mais sofisticado que o equipamento que ela usava nos Estados Unidos. Então, nesse mesmo dia ela me convidou para fazer estágio na Boston University (BU). Ela me deu um crachá de identificação e me entregou uma chave para acesso ao laboratório. Eu mal podia acreditar no que estava acontecendo.

Saí do laboratório exultante e, tão logo foi possível, liguei para a minha orientadora no Brasil. Falei para ela sobre o meu encontro com a respeitadíssima pesquisadora e minha coordenadora até mudou o tom da conversa comigo. Agora, sim, eu estava de volta ao meio que eu respeitava e que era respeitada. Agora eu tinha assunto para conversar e um motivo para voltar a sorrir.

Sem condições de pagar uma babá, eu combinei com a minha sogra para cuidar do João enquanto essa nova oportunidade se descortinava para mim. Aprendi a usar o transporte público e passava o dia inteiro respirando conhecimento no laboratório.

Eu comecei a acreditar que eu poderia ser feliz nos Estados Unidos. Ainda sofríamos muito com a situação financeira e com o refluxo do João Victor, mas eu estava envolvida nos assuntos que alegravam o meu coração na universidade. O próximo passo seria alterar o meu visto para a condição de estudante. Só então eu, realmente, poderia usufruir amplamente da porta que eu acreditava que o Senhor tinha aberto para mim.

Os dias no laboratório passavam rapidamente. Eu me esforçava para entender cada palavra do que era dito naquele local. Participei de várias reuniões de pesquisadores e fiquei sabendo de todas as últimas descobertas no ramo da biologia molecular. Recebi uma bancada só para mim com todos os objetos que eu tanto amava e muitos, muitos livros. Havia pessoas contratadas para facilitar o serviço e os resultados das pesquisas chegavam muito mais rápido do que acontecia no Brasil.

Quando eu fazia um experimento na UFV, eu precisava elaborar item por item, o que levava até três dias de preparação. No laboratório da BU, tudo era descartável e preparado com antecedência por um funcionário. Eu precisava apenas entrar e realizar os testes. Eu acreditei que Deus estivesse comigo e que teria sido para esse fim que ele orquestrou essa mudança de país. "Esse é o plano de Deus para mim. Agora, sim, eu estou no meu ambiente", pensava.

A verdade é que para estar diariamente no laboratório eu precisava gastar dez dólares por dia entre almoço e passagens. Pode parecer pouco, mas para o arrocho financeiro que estávamos vivendo, esse dinheiro fazia muita falta no fim de semana. Ainda assim, o meu marido nunca falou nada. Ele compreendia o tamanho da minha dor e sabia que eu buscava um motivo pessoal que justificasse a minha estadia definitiva nos Estados Unidos.

Deste modo, houve uma pausa na tristeza que me envolvia. Durante alguns poucos meses fui capaz de sorrir novamente com a perspectiva profissional que se abriu na Universidade em Boston.

Um dia, porém, eu estava na bancada do laboratório distraída com a leitura no computador das diversas pesquisas que estavam sendo realizadas na minha área de estudos. De repente, eu escutei a voz do Senhor falando comigo:

— O que você está fazendo aí? Eu já fechei essa porta para você. O fato de você estar aqui com o apoio e apreciação de suas orientadoras não significa que eu esteja aqui com você. Você só está nesse lugar por causa do que você tem e pode oferecer. São trocas de interesses tanto seu quanto delas.

E continuou:

— Apenas você sabe uma técnica que a famosa pesquisadora precisa, mas ela não pode te oferecer nada porque você não tem visto para estar aqui. O seu visto limita a sua atuação nessa terra. Foi por essa razão que te dei o visto que te permite apenas acompanhar seu marido.

Um mês antes de ouvir o Senhor sobre este assunto, eu desejei alterar a minha situação imigratória para que eu pudesse usufruir legalmente dos direitos de estudante/pesquisadora na universidade. Para ter o direito legal eu precisaria alterar o meu visto de dependente de trabalhador religioso (R2) para o visto de estudante (F1).

Desta forma, eu escrevi um projeto de doutorado para ser orientado pela pesquisadora da BU e pela Flávia, minha orientadora do Brasil. Passei várias noites desenvolvendo esse projeto e o enviei ao Conselho Nacional de Desenvolvimento Científico e Tecnológico (CNPq) que concede bolsas de estudos para o exterior.

Como resposta, o CNPq me falou que a ideia do projeto era muito interessante, mas que havia quatro universidades no Brasil capazes de desenvolvê-lo e que, portanto, o meu pedido tinha sido negado para o exterior, mas aceito para realização em solo brasileiro.

Foi exatamente nessa semana que eu ouvi o Senhor me perguntar: "O que você está fazendo aí quando eu fechei esta porta de estudo para você? Portas abertas não significam que estou a favor, assim como portas fechadas não significam que eu não estou a favor".

Eu me levantei da bancada, fui para o banheiro, chorei muito, enxuguei o meu rosto, devolvi a chave e o crachá do laboratório para pesquisadora que, sem compreender nada, me entregou de volta e disse que eu poderia voltar quando desejasse. Ainda hoje eu guardo esses objetos, embora eu nunca mais tenha voltado ao laboratório.

A partir desse dia eu abandonei completamente os meus sonhos profissionais até que Deus, quando quisesse e se quisesse, novamente os despertassem.

CAPÍTULO 15

PROVA FINANCEIRA

Sei o que é passar necessidade e sei o que é ter fartura. Aprendi o segredo de viver contente em toda e qualquer situação, seja bem alimentado, seja com fome, tendo muito, ou passando necessidade. Tudo posso naquele que me fortalece.

(Filipenses 4:12,13)

Uma vez que decidimos ficar nos Estados Unidos, a minha prioridade foi procurar um pediatra para o João. Já no início de nossa estadia, meu filho teve muito sapinho por toda a boca. Eu já não conseguia manter a rotina frenética de limpar item por item de cada brinquedinho que o João tinha acesso. Agora, ele brincava como qualquer criança da idade dele, compartilhava os objetos com os priminhos e colocava tudo na boca.

No pediatra, contei todo histórico médico do João e me deparei com uma cultura muito diferente. Na América tudo o que tinha acontecido com o João era visto com normalidade e aceitação. Segundo o pediatra, não tinha nada de errado com o meu menino. Me assustei com a tranquilidade do médico. Como isso poderia ser normal se, no Brasil, o João havia sido diagnosticado com grau máximo de refluxo correndo risco de passar por uma cirurgia aos cinco anos de idade?

Além disso, no Brasil ele estava constantemente tomando remédios para contrair o estômago. Fiquei chocada quando saí do consultório sem nenhuma prescrição médica. Nesse tempo, eu ainda estava fazendo estágio na BU e a Dora cuidava do João na minha ausência. Um dia, quando cheguei em casa após o estágio, minha sogra falou que o João Victor tinha comido carne moída com arroz (o que, outrora, certamente lhe causaria vômito). "Esse menino foi curado", eu pensei. Então, eu comecei a fazer vários testes com alimentos antes proibidos e ele não vomitava mais. Ele foi curado pelo Senhor muito antes de completar os dois anos de idade.

Eu estava na terceira semana de campanha na igreja em prol da cura do João quando observei que, naturalmente, a bênção tinha acontecido. No primeiro culto de quinta-feira após ter notado a mudança na digestão do meu filho, eu pedi ao pastor Alexandre que me desse oportunidade de testemunhar. Coincidentemente, era um culto comemorativo em que o pastor celebrava um ano na liderança das campanhas. De posse do microfone, eu falei com ousadia sobre a bênção maravilhosa que o Senhor tinha entregue para mim.

Eu contei para a igreja o que tinha acontecido, expliquei com detalhes todo o diagnóstico que os médicos brasileiros tinham dado para o João Victor e completei:

— O meu filho foi curado instantaneamente antes do fim da

campanha. Entenda, irmãos, que quando você está na obediência o milagre é uma consequência.

O João Victor nunca mais sofreu de refluxo.

Nessa mesma época, ele começou a desenvolver um hábito que me deixava aborrecida. Logo após se alimentar, ele ingeria líquidos e se pendurava no sofá de cabeça para baixo. Eu corria desesperadamente para tirá-lo dessa posição até que um dia o Senhor falou para mim: "Ele faz isso porque eu ordeno que ele faça. Eu quero que você veja que ele se vira de cabeça para baixo e o alimento não retorna porque eu o curei completamente".

Essa experiência me fez compreender que o segredo da vitória no Senhor está na obediência. O milagre acontece como consequência quando nos dispomos a obedecer a Deus.

Eu não estava feliz por estar nos Estados Unidos, mas escolhi obedecer ao Senhor independente dos meus sentimentos. Eu compreendo que por causa da obediência, o Senhor operou o milagre na vida do meu filho. Com alegria, passei a ver meu menino comer tudo o que lhe oferecíamos nos restaurantes, em casa, nas festas etc. Que felicidade o Senhor me proporcionou!

A minha lição de obediência começou, ainda, na gravidez quando eu notei a possibilidade de perder o meu filho. Eu o entreguei a Deus sem realmente pensar no significado dessa oferta, quando tudo o que eu queria era que o João Victor existisse.

Já se passaram 14 anos desde o nascimento do João e eu posso dizer com convicção que ele é uma bênção para a minha família. Deus usou a vida dele para trabalhar em nossas próprias vidas.

Pouco tempo depois de ter alcançado a grande vitória que foi a cura do João Victor, eu voltei a viver na penumbra de uma vida sem propósito quando abandonei os meus planos profissionais e a esperança que nutria na Boston University.

O sonho americano mais se parecia com um pesadelo. Eu não tinha profissão e nem dinheiro e, apesar de viver perto da família do Victor, estava longe do meu irmão. Eu me sentia invisível e fazia questão de permanecer assim, já que todas as minhas conquistas profissionais que, na minha concepção, me tornavam alguém não tinham valor nessa terra. Quem era a Ana Paula sem a carreira, sem os títulos, sem os sonhos profissionais? Eu só poderia descobrir através da submissão a Deus.

Contrário à minha vontade, o Victor fabricou vários cartões de visita com o meu nome, telefone e profissão. Por onde quer que ele andasse, em todas as igrejas que ele pregava, ele fazia questão de distribuir os cartões. Nesse momento, ele acreditava mais em mim do que eu mesma e, segundo ele, a distribuição dos cartões era uma semente de fé para o nosso futuro. Ele dizia: "Você ainda será muito abençoada neste lugar com sua profissão".

Algumas poucas pessoas me telefonavam perguntando sobre consultas nutricionais. Contrariada, eu desconversava antes que o diálogo se estendesse: "Me desculpe, foi um engano do meu marido. Eu estudei, é verdade, mas eu não passo dieta aqui nos Estados Unidos". Algumas insistiam tanto que eu acabava cedendo.

Foi com muito sofrimento e muita dor que Deus despedaçou o meu orgulho. Abrir mão da minha profissão foi uma das decisões mais difíceis que tomei na vida. Eu estava sendo desconstruída a cada dia e tinha dificuldade em reconhecer minha própria identidade à parte da universidade. No futuro, Deus me revelaria quem eu era nele, independente do estado ou posição em que eu me encontrava. No entanto, até que eu alcançasse a compreensão holística do que acontecia na minha vida, eu enfrentei isoladamente a crise de não me reconhecer no novo papel social em que fui lançada.

Enquanto eu via o Victor distribuir os cartões de visitas, eu pensava tristemente: "Isso não vai adiantar nada... tudo isso é em vão porque Deus fechou essa porta para mim".

E as portas da nossa situação financeira também estavam bem estreitas. Por mais que o Victor se esforçasse, não tínhamos dinheiro para nada.

Meu cunhado André nos presenteou com um carro usado que, apesar de velhinho e apresentar problemas mecânicos frequentes, foi muito útil nesse primeiro momento de nossas vidas na América. O nosso tormento financeiro contrastava como o claro e o escuro com a prosperidade do meu cunhado. Ainda assim, nunca permiti que a inveja atingisse o meu coração nesse período de provações.

Um dia, vi um homem subir as escadas em direção à casa do André e entregar um buquê lindíssimo para a Dhaiane. Segundos depois, minha cunhada desceu as escadarias correndo e, exultante, bateu à minha porta: "Ana, Ana! Venha ver o que o que eu ganhei!" Na frente da casa, havia um automóvel estacionado com um enorme laço de fitas. Era um Mercedes zero quilômetro, presente do André para a Dhaiane. "Pega o João, Ana. Vamos dar uma voltinha", ela disse.

Rapidamente, eu arrumei o João, ela pegou a Julie e fomos fazer um passeio com o carro novo. Eu compartilhei da alegria dela, mas a disparidade das nossas situações reluzia tão forte como o brilho da pintura do carro. Sempre otimista, a Dhaiane acreditava que a minha provação seria temporária. Inúmeras vezes, após testemunhar momentos de dificuldades na minha vida, ela me disse: "Ana, Deus vai te honrar nesse lugar". Eu pensava: "Gente, como ela pode acreditar nisso se nem eu mesma vejo sinal de prosperidade?"

De dentro daquele carro tão lindo que mais parecia um carro de bonecas, eu pensava na precariedade da minha situação. Olhava para o automóvel e orava com o meu pensamento: "Que atitude linda do André para abençoar a Dhaiane. Glória a Deus pelas bênçãos na vida dela, mas eu tenho agora tantas necessidades, Senhor..."

O ano das minhas maiores necessidades financeiras parece ter sido o ano que mais os meus cunhados viajaram. Ora eles estavam no Japão, ora na Austrália, sempre viajando pelo avivamento, divulgando os ideais de Deus e testemunhando sobre o que Senhor estava fazendo na igreja em Boston. Eu amava quando eles viajavam porque minha cunhada me dava todos os mantimentos de sua geladeira. Sem dúvida os alimentos doados pela Dhaiane eram provisões abençoadas para a minha família.

O Victor se desdobrava como podia entre o trabalho e o chamado ministerial que ele exercia com muita paixão e devoção. Ele entrou em todos os departamentos da igreja sede: fazia evangelismo com o pastor José Soares, colaborava com o pastor Alexandre no culto de quinta, participava da Escola Dominical com o pastor Geziel. Muito ativo na igreja, ele se sentia completamente realizado e o mundo espiritual foi-se descortinando cada vez mais intensamente para ele.

Certa vez, o Victor e eu acompanhamos o André em uma visita à casa do pastor Ouriel. Em um determinado momento de oração, testemunhei as pessoas presentes – o Victor, inclusive – serem arrebatadas em espírito ao mesmo tempo. Fiquei impressionada como elas conversavam entre si e tinham as mesmas visões no mundo espiritual.

O pastor, de uma maneira extraordinária, falava tanto com os que estavam em estado de arrebatamento quanto comigo que apenas observava a experiência. Apesar de eu não ter tido a visão espiritual aberta, eu senti que a atmosfera do lugar era incomparável. Havia um peso de glória que pairava sobre a minha cabeça. Eu fiquei impressionadíssima com o que Deus estava fazendo entre os seus servos.

Em outra ocasião, o Victor foi convidado para pregar na congregação de nossa igreja em Peabody. Na época, o pastor Henrique, cujo sobrenome eu não me recordo, era o responsável por cuidar do rebanho local. Apenas cinco irmãos, além do Victor, eu e o João, estavam presentes no culto daquela noite. No meio da mensagem, Deus entregou uma revelação ao Victor. Ele viu um pergaminho e anunciou que, naquela mesma noite, Deus iria desenrolá-lo e decifrar a mensagem que estava impressa nele.

— Há uma pessoa aqui que está muito angustiada e precisa urgentemente do socorro de Deus — ele disse e mudou rapidamente de assunto.

Ele prosseguiu falando sobre como Deus iria tornar aquela congregação tão pequena em uma das maiores do ministério de Boston. Nessa época, havia muitas igrejas enormes, avivadas e prósperas no ministério.

Quando o Victor terminou de falar, o pastor Henrique veio à frente e disse que sabia muito bem quem era o homem angustiado que se encontrava naquela noite.

— Esse homem sou eu. Eu estou passando por um momento de grande tribulação e angústia. Eu não estou aguentando mais ficar neste lugar, desabafou.

Eu fiquei impressionada, afinal, ele era o pastor da igreja!

Saímos daquele culto sabendo que Deus tinha operado algo muito especial naquele lugar, mas não imaginávamos a surpresa que o Senhor tinha reservado para nós.

No mês de outubro de 2003, pouco tempo após esse culto, eu cheguei em casa e encontrei uma mensagem da pastora Jussara na secretária eletrônica. Ela pedia ao Victor que entrasse em contato com o pastor Ouriel tão logo fosse possível. Pouco mais de um ano havia se passado desde a nossa mudança para os Estados Unidos e ainda estávamos em ritmo de adaptação.

Quando eu ouvi a mensagem, o espírito de Deus falou ao meu coração: "O pastor vai dar uma igreja para o Victor cuidar". Foi aquela mesma voz que eu conhecia tão bem e que sempre falou comigo durante tantos momentos marcantes da minha vida. Deus nunca, em momento algum, me deixou. Confesso, porém, que eu fiquei preocupada. No meio de toda aquela confusão que estávamos vivendo, como poderíamos assumir o compromisso de pastorear uma igreja?

Aguardei o Victor chegar em casa e transmiti a mensagem da pastora Jussara. Nessa mesma noite, meu marido se encontrou com o pastor Ouriel na igreja onde eles tiveram a oportunidade de conversar. Quando ele voltou para casa, o Victor me deu a notícia que eu já esperava. O assombro, porém, foi a cidade escolhida: o Victor seria o novo pastor da igreja em Peabody.

O pastor Ouriel explicou que antes de fazer a proposta para o Victor, ele havia conversado com três pessoas a respeito de quem poderia assumir o pastorado da igreja em Peabody. A primeira pessoa com quem ele conversou foi o pastor Henrique que, por motivos pessoais, estava entregando a liderança da igreja para voltar para o Brasil.

Perguntado sobre quem ele sugeriria para assumir o cargo, ele disse: "Passou um rapaz aqui pouco tempo atrás. Ele teve uma revelação tremenda! Pregou uma palavra de Deus e foi muito usado pelo Senhor. O nome dele é Victor".

A segunda pessoa consultada pelo pastor Ouriel foi o líder do departamento de evangelismo da igreja sede, pastor José Soares. Ele disse: "Tem um rapaz que me acompanha no evangelismo. Ele é um menino muito dedicado; um menino que ama as almas. O nome dele é Victor".

Por último, o pastor Ouriel perguntou ao pastor Rui Lemes que, na época, era o supervisor de algumas igrejas locais, entre elas, a igreja de Peabody: "Olha, eu conheço um rapaz que chegou aqui há pouco mais de um ano. Esse rapaz já pregou na minha igreja e o nome dele é Victor".

Dias depois, o Victor foi consagrado ao ministério pastoral e eu fui consagrada como missionária. No dia 11 de novembro de 2003, quando o Victor e eu tínhamos apenas 28 anos, o pastor Geziel Gomes, representando o pastor Ouriel Jesus, presidente do ministério de Boston, nos empossou na igreja em Peabody. Na ocasião, também estava presente o meu cunhado André, a pessoa que mais acreditou no chamado de Deus para nós nos Estados Unidos. Até hoje, essa é a igreja que estamos servindo ao Senhor como líderes debaixo da graça de Deus e sob a bênção espiritual do apóstolo Ouriel de Jesus.

Os cuidados com a igreja aumentaram ainda mais a nossa responsabilidade. Materialmente, nossas dificuldades continuavam. Diante de tanta escassez financeira, eu comecei a trabalhar para ajudar na renda da família, mas o dinheiro era pouco. Minha sogra já não podia cuidar do João Victor e eu precisei colocá-lo aos cuidados de uma babá. Além do desgosto profissional eu agora me via, ainda, frustrada como mãe por não poder cuidar do João. Não era isso que eu havia planejado.

Um dia, eu estava trabalhando no restaurante do meu cunhado e, inadvertidamente, servi o alimento a uma cliente sem calçar as luvas. Enfurecida, ela me disse que não iria aceitar aquele prato porque tinha nojo das minhas mãos. Ela pediu para falar com o gerente que tentou acalmar a situação. Eu me senti muito humilhada. Nessa hora, o diabo sussurrou ao meu ouvido: "Logo você que sabe tudo de microrganismos..."

Poucos dias antes desse incidente, eu ouvi o pastor George Gun pregar na nossa igreja em Somerville. A mensagem tocou forte no meu coração e eu resolvi largar de uma vez por todas a fantasia que eu nutria de que eu pudesse ter, ainda, algum controle sobre a minha vida. No momento da oferta, eu peguei da carteira todo o dinheiro recebido pela semana trabalhada e depositei na salva. Não separei nem o pagamento da babá do João Victor.

Eu estava cansada de ser provada financeiramente e apenas falei com Deus: "Agora é que eu vou viver pela fé mesmo, Deus. Eu quero o meu milagre, Senhor. Eu preciso, pelo menos, ter uma casa para morar direito. As pessoas falam que isso é uma benção, mas eu estou em um porão. Eu preciso de uma casa, Senhor".

Quando a gente saiu do culto, o Victor procurou a irmã que cuidava do João, pediu desculpas e disse que iria fazer o pagamento alguns dias depois. Do mesmo modo, ele falou com um irmão que tinha nos emprestado dinheiro para comprar fraldas para o João Victor. O irmão acabou doando as fraldas e nós ficamos parcialmente aliviados. Também decidi abandonar o emprego e dedicar o meu tempo a cuidar do meu filho com exclusividade.

Juntos, o Victor e eu estávamos tomando uma decisão de fé, mas eu me sentia mal. Parecíamos um casal irresponsável, porém, eu começava a aprender a depender tão somente de Deus. Eu precisava de um milagre financeiro e nenhum dos meus míseros esforços estavam me ajudando a alcançar o que apenas Deus poderia me dar no tempo estipulado por ele.

Foi então que resolvemos vender os apartamentos no Brasil. Nessa época, o valor do dólar em comparação com a moeda brasileira estava altíssimo, mas não tínhamos escolha. Precisávamos vender nossos bens, mesmo sabendo que teríamos prejuízo com a cotação. Surpreendentemente, mesmo de longe, fechamos negócios de venda de cada um dos apartamentos com rapidez e agilidade com a ajuda do meu irmão. Ao fim de dois anos nos Estados Unidos, já não tínhamos nada no Brasil.

O dinheiro do primeiro imóvel vendido serviu como montante de entrada para o financiamento de um apartamento em um pequeno prédio de três andares nos Estados Unidos, na cidade de Everett. Ao contrário do imóvel brasileiro novo e mobiliado sob medida, o prédio americano tinha cem anos desde a sua construção. Compramos o apartamento do primeiro piso. Feliz com a conquista, o Victor olhava e dizia que era a nossa bênção. Eu, por outro lado, apenas repetia no meu coração: "Meu Deus do Céu... Isso é sério?"

Como faltava uma área de serviço no apartamento e éramos obrigados a enfrentar o inverno rigoroso para lavar nossas roupas no porão do prédio, vendemos o segundo apartamento para a aquisição das máquinas de lavar e secar roupas. Além da maquinaria, investimos no encanamento e ajustes necessários para a criação da área de serviço. Atrevido e disposto a me humilhar, o Diabo soprou no meu coração: "Você está vendendo o seu apartamento, a herança do seu pai, para construir uma lavanderia?" Mas eu estava tão moribunda que nem a voz do inimigo tinha efeito algum sobre mim. Com a venda do terceiro apartamento, o Victor comprou um "schedule de casas" que é um tipo de contrato para fazer limpeza em diferentes casas de família em dias e horários definidos. Ele se demitiu do trabalho no restaurante na esperança de que o serviço de limpeza pudesse render um dinheiro a mais para nós. A renda aumentou um pouco, é verdade, mas, como nós tínhamos o financiamento da casa para pagar, a situação não mudou muito.

Minha vida tinha perdido o sentido e, por um tempo, Deus permaneceu em completo silêncio. Eu buscava em sua Palavra exemplos de pessoas de fé e abnegação que haviam alcançado êxito espiritual através do sofrimento. "Eu não sei o que Deus quer fazer de mim. Será que o Senhor quer me destruir?" Eu passei por uma fase de tanto padecimento e desgosto que cheguei ao ponto crítico de pedir a Deus que me levasse para viver com ele na eternidade.

Em um misto de sentimentos que eu mal compreendia, muitas vezes, eu torcia intimamente para que tudo fosse um erro do Victor. Eu esperava que, uma hora qualquer, ele caísse em si para a loucura que tínhamos feito e tomasse a decisão por conta própria de voltar definitivamente para o Brasil.

Muitas vezes íamos ao supermercado com o dinheiro contado. Tínhamos que escolher que produtos eram mais urgentes, embora a necessidade fosse grande. Desejei que faltasse completamente o alimento na minha dispensa somente para provar para o Victor que ele estava errado.

A que ponto de desespero eu cheguei... eu me lembrava de que lá no Brasil, o país das carências e escassez, eu vivia em prosperidade. Nos Estados Unidos, ao contrário, um país desenvolvido e bem-estruturado, eu vivia em privações.

E foi com esse pensamento que, nesse dia, eu e o Victor formos ao supermercado com uma lista de compras e um pouco de dinheiro nas mãos. Contávamos apenas com a ajuda de Deus. O meu orgulho jamais me permitiria pedir socorro a algum parente.

Mais uma vez eu recordei da profecia da irmã Ana Cesariana e de como, na época, eu nem imaginava como Deus poderia me provar financeiramente. Verdadeiramente, o Senhor pode fazer todas as coisas, mas nossa mente é limitada demais para compreender os caminhos de Deus.

Comecei a percorrer os corredores do supermercado na frente do Victor. Eu já imaginava o que diria para ele: "Está vendo, Victor? Estamos mendigando o pão. O que a Bíblia fala sobre isso? Ela diz que o justo não mendiga o pão. Se estamos passando por isso é porque estamos errados por estar nesse país. Deus nos quer de volta no Brasil, Victor. Não há justificativa bíblica para ficarmos aqui nessa provação".

Enquanto eu me perdia na loucura dos meus pensamentos, o Victor encontrou com o pastor Rui em uma ala do supermercado. Para a minha surpresa e vergonha, o pastor entregou 60 dólares para o Victor e disse que foi o Senhor que o ordenara a fazer. Com esse dinheiro, agora tínhamos o suficiente para comprar todos os alimentos que estavam em nossa lista. Deus providenciou o maná dos céus.

Fiquei emudecida, cabisbaixa e triste diante de Deus. O Senhor controla os corações dos seus servos e se move para guardar os que são fiéis e obedientes. O Senhor estava vendo minha angústia, ele sondava o meu coração. Ele não iria permitir que eu mendigasse o alimento, mas eu precisaria aprender a viver com o pão de cada dia. Eu vi que eu não tinha como trapacear os planos de Deus porque ele estava de olho em nós.

Eu derramei um choro amargo de humilhação, tristeza, dor, desespero, saudade e insegurança. Um choro por não me reconhecer na nova identidade que Deus tinha traçado para mim. Um choro por não estar no controle dos planos que eu havia desenhado com cores vivas e reluzentes. Eu não sonhei com uma vida de privações. Quem deseja sofrer? Entretanto, Deus deixou bem claro que era ele quem estava no comando e me restava confiar e obedecer.

Não apenas a minha fé, mas minha honradez e honestidade foram provadas muitas vezes. Em várias ocasiões em que fui ao supermercado percebia que os funcionários esqueciam de cobrar alguns itens do meu carrinho de compras. E, mesmo sem ter dinheiro, mesmo passando por dificuldades, todas as vezes eu voltei ao local para pagar o que não havia sido cobrado. Eu não podia me corromper por causa da opressão na minha vida. Eu não perderia os meus valores porque eu estava sendo provada monetariamente.

Por mais de um ano continuamos a viver de fé em fé, de glória em glória. A palavra do Senhor se cumpriu na nossa vida e nunca fomos desamparados por Deus, mas tínhamos apenas a porção suficiente para cada dia.

CAPÍTULO 16

A SEMENTE GERMINA

A obediência é melhor do que o sacrifício, e a submissão é melhor do que a gordura de carneiros.

(1 Samuel 15:22b)

Com o decorrer do tempo, a congregação em Peabody passou a demandar cada vez mais assistência do Victor e ele se empenhava com todas as forças para o sucesso da obra. Com isso, já não tinha todo tempo para mim e para o João por dedicar-se com afinco ao desempenho do trabalho eclesiástico.

Pouco a pouco, o número de membros da igreja foi aumentando, conforme o pastor Ouriel havia predito em uma conversa conosco. A felicidade do Victor com a igreja era transparente. Ele não media esforços e usava todo o seu talento e inteligência em prol da obra de Deus. No púlpito, os seus olhos brilhavam e, verdadeiramente, era possível notar a felicidade em sua voz. O Victor estava tão realizado que ele não se deixava abater pelas dificuldades do início do ministério.

Se por um lado o Victor encontrava-se exultante com a nova vida na América e, principalmente, com a sua realização ministerial, o meu estado beirava o conformismo. Eu entendia a responsabilidade que foi entregue em nossas mãos, eu sabia que estávamos cumprindo a vontade do Senhor, eu não sonhava mais em voltar para o Brasil, mas ao mesmo tempo, eu não sentia prazer nas atividades que eu exercia. Me faltava paixão.

Foi então que eu resolvi me envolver por inteiro nas mesmas atividades que o meu marido. Quem sabe assim eu sentiria o mesmo que o Victor? Se eu realmente me emaranhasse no ministério, talvez, eu pudesse sentir o meu coração arder novamente. Eu precisava de novos objetivos para voltar a sonhar.

Decidi fazer e vender marmitas para os parentes de modo que, com a renda, eu servisse de exemplo para os membros da igreja. Eu desejava contribuir com ofertas e entregar o meu dízimo. Abri uma cantina na igreja e ensinei as irmãs a oferecer alimentos balanceados. Adquiri material novo para o departamento infantil. Me envolvi em cada um dos desafios propostos pelo Victor para a igreja e com muita alegria voltei a dizimar, ofertar e contribuir na obra do Senhor.

Confesso que, intimamente, eu ainda nutria uma frustração a respeito dos sonhos que me foram arrancados. Ao fechar os olhos, muitos pensamentos sobre quem eu poderia ter sido no Brasil ou os patamares sociais que eu deveria ter alcançado com a minha carreira ainda me faziam sofrer. Mas, a essa altura, eu calava a voz dos meus desejos e tentava me sentir realizada com a felicidade do meu marido.

Certa vez, o Victor convidou o pastor Cristian Oliveira, líder de adolescentes da igreja sede, para pregar em um de nossos cultos. Ele foi muito usado por Deus durante a mensagem e, ao final, convidou as pessoas para receberem oração. Eu me aproximei do púlpito juntamente com os demais irmãos.

Ele seguiu orando incansavelmente por cada uma das pessoas. O período de ministração foi se estendendo e, como eu me cansei de estar em pé por tanto tempo, comecei a me deslocar com a intenção de voltar para o lugar onde eu estava originalmente sentada. Quando eu estava saindo de mansinho, ele me viu e começou a rir muito no microfone enquanto me fitava a distância. Então, ele me chamou pelo nome, me pediu para ir à frente novamente e disse que Deus tinha uma palavra para mim.

Eu caminhei em direção ao pastor Cristian. Tão logo eu me aproximei, ele começou a orar por mim. Quanto mais ele orava, mais ele ria. Eu não compreendia o que estava acontecendo, mas sentia fortemente a presença do Senhor. Repentinamente, eu perdi as forças nas minhas pernas e tombei ao chão enquanto ele ministrava sobre mim. No meu espírito eu sabia que era o próprio Pai quem estava falando comigo. Ele dizia: "Você pensa que os teus sonhos não são os meus sonhos? Os teus sonhos são os meus sonhos. A partir de hoje, abra um consultório na sua casa. Jamais te faltará paciente".

Imóvel como eu estava no chão, imóvel eu permaneci por alguns minutos. Eu já tinha matado de dentro de mim qualquer ambição relacionada a uma carreira de Nutrição nos Estados Unidos. Ainda que o Victor continuasse espalhando cartões por todos os lugares, eu cria que o Senhor não tinha planos que eu pudesse exercer a minha profissão novamente. Depois de dois anos desde que eu abri mão da BU e que, finalmente, aceitei entregar no altar todas as minhas expectativas profissionais, Deus me surpreende e diz que era hora de ressuscitar os meus sonhos.

Confiante na palavra do Senhor e com o coração em brasas, na mesma semana o Victor e eu fomos comprar os móveis de escritório. Reservei um espaço na sala da casa velha em Everett e lá eu abri o meu primeiro consultório de Nutrição nos Estados Unidos. Não era a carreira de docente universitária que eu busquei no passado e nem uma sala requintada com o meu nome estatelado em uma placa na porta, mas era um começo.

Me lembro perfeitamente da minha primeira paciente: uma irmã da igreja sede que foi recomendada pelo pastor Ouriel. Fiel ao tratamento e seguindo todas as minhas orientações, ela perdeu 18 quilos em três meses. O sucesso da dieta dela foi tão grande que, logo, ela me recomendou para as suas filhas que, por sua vez, me recomendaram para outras pessoas. Assim, Deus se utilizou da propaganda boca a boca para que cada vez mais pessoas da igreja e da comunidade brasileira em geral soubessem do meu trabalho e confiassem no meu potencial como profissional de Nutrição.

Meu trabalho como nutricionista começou a render frutos. Deus me abençoou de tal maneira que eu passei a contribuir significativamente com a renda familiar. E, como o crescimento da igreja exigia cada vez mais a presença do Victor, decidimos juntos que ele deveria se desfazer do negócio de limpeza de casas. No primeiro momento, o Victor arrendou os contratos de limpeza e, mais tarde, ficou claro que ele deveria vender para se dedicar com exclusividade à obra do Senhor.

O tempo da prova financeira havia chegado ao fim e eu já ousava sonhar novamente. Ano após ano, o Senhor concretizava os desejos do meu coração e as bênçãos se acumulavam como favores de Deus para minha vida. A promessa que o Senhor me fez através do pastor Cristian se cumpre até hoje. Jamais me faltou paciente. O trabalho é árduo e o Senhor é fiel!

Com três anos desde a minha mudança para os Estados Unidos, eu fiquei grávida do meu segundo filho. A essa altura, o João Victor já tinha dois anos e sete meses de vida e eu o matriculei em uma escolinha evangélica. Eu já tinha completado 31 anos de idade, o meu trabalho frutificava e eu me sentia muito mais independente e confiante para resolver os pequenos afazeres da vida por conta própria.

Nesse momento, eu percebi a necessidade de ter o meu próprio carro, mas eu não queria um carro qualquer. Eu falei com o Victor que eu iria adquirir um automóvel novo. A situação financeira tinha melhorado muito, é verdade, mas um carro zero quilômetro ainda era um desafio. O Victor me perguntou:

— Com que dinheiro você vai pagar esse carro, Ana Paula?

Eu respondi crendo no que Deus tinha me prometido:

— Deus vai mandar pessoas e eu vou pagar esse carro com o dinheiro das dietas que vou prescrever.

Desde que o Senhor me fez a promessa de que não me faltariam pacientes, eu fui capaz de honrar todos os meu compromissos. Comprei o carro ciente de que eu teria menos tempo livre e que precisaria de muita disposição para trabalhar, mas eu estava disposta a pagar esse preço.

O mesmo aconteceu quando escolhi matricular o João Victor em uma escola particular a uma pública. O Victor me perguntou:

— Tem certeza que você quer colocar esse menino em escola particular? Você vai pagar as mensalidades com o quê?

E, novamente, eu respondi:

— Deus vai me dar condições para que eu possa pagar a escola dele através das dietas.

Depois de experimentar a fidelidade do Senhor durante os anos de prova financeira, eu aprendi a viver pela fé. Como diz a Bíblia Sagrada, se o Senhor cuida dos lírios dos campos[1] quanto mais dos seus filhos. Ele é o Deus de provisão.

Ainda hoje eu faço provas e desafios de fé com Deus. Quando eu preciso de algo, mas não tenho condições de adquirir, eu tomo uma atitude de confiança no Deus provedor e o Senhor abre as portas da prosperidade, enviando-me o número necessário de pacientes que me garantem honrar os compromissos assumidos. Nunca me faltou trabalho e eu nunca devi nada, absolutamente nada, para ninguém. Eu faço essa afirmação não para me vangloriar, mas como reconhecimento de que é Deus quem cuida de mim. A obra que o Senhor realizou na minha vida é um testemunho de sua grandeza, amor e poder.

Aos poucos, eu comecei a me identificar com a nação americana que, antes, tanto me aborrecia. Comecei a lutar por meus ideais e a perder os meus medos de viver como estrangeira em uma terra estranha. Estudei um pouco mais de inglês a ponto de desenvolver a minha fala e a minha audição para lidar confiantemente com a vida cotidiana na sociedade estadunidense. Passei a atender pacientes americanos, bem como da comunidade hispânica. Já me sentia capaz de levar e buscar o meu filho na escola. Quando necessário, levava-o sozinha ao médico e conseguia interagir sem grandes dificuldades nas lojas,

---

1   Mateus 6: 28.

escolas e hospitais. Grávida, o Victor me acompanhava nas consultas pré-natais quando podia, mas eu já não dependia de sua companhia para me locomover e comunicar no país.

Durante os primeiros meses de gestação do Marcos Felipe nós ainda morávamos na casa velha em Everett. Impelida pelas constantes náuseas matinais eu comecei a desenvolver um asco enorme pelo apartamento. Por mais que tentássemos, não conseguíamos exterminar os ratos que passeavam tranquilamente pelos cômodos. Quanto mais eu pensava nisso, mais nojo eu tinha e mais eu vomitava.

Eu já tinha pintado o quartinho para receber o Marcos quando resolvi que, definitivamente, eu precisava me mudar desse apartamento o mais breve possível. Mais uma vez, eu não tinha condições financeiras para comprar uma casa nova, mas eu queria muito uma moradia com quintal para as crianças brincarem com segurança. Também tinha preferência pela cidade de Peabody onde estava a nossa igreja. Resolvi, então, conversar com o Victor sobre o que eu desejava tão fortemente no meu coração. Desanimado, ele me respondeu:

— Ana Paula, isso é impossível. Você vai ter que orar muito porque a gente terá que conseguir tirar dinheiro da valorização deste apartamento que moramos para dar de entrada no novo imóvel e, por conseguinte, abaixar os juros para 1%. Somente assim nós poderemos alugar o apartamento pelo preço de sua prestação e fazer o negócio.

Eu já tinha ouvido falar de pessoas conhecidas que haviam conseguido esse incentivo bancário para a aquisição de um segundo imóvel para investimento, sem a necessidade da venda do primeiro. E, nesta época, o valor dos imóveis estava subindo assustadoramente, por isso, em apenas dois anos conseguimos uma boa valorização no nosso apartamento. O meu pedido em oração passou a ser que nós conseguíssemos fazer toda essa operação.

Eu estava decidida a sair daquele lugar. Eu conhecia o Deus do impossível e sabia que o Senhor honraria a minha fé. Então, eu passei a orar também de forma bem específica sobre a casa que eu desejava:

— Senhor, eu quero uma casa de três quartos, dois banheiros, lavabo, uma varanda e um quintal enorme. Também quero que seja uma casa nova porque, além de termos o tempo muito limitado, nem eu e nem o Victor temos habilidade manuais para fazer a manutenção e cuidar de uma casa velha.

Com todos os trabalhos e obrigações que tínhamos, o Victor me deu apenas um dia para encontrar a casa da minha oração. Ligamos para uma corretora de imóveis e saímos juntos pela manhã de um sábado à procura do nosso futuro lar. Visitamos várias casas que estavam no mercado, mas nenhuma me agradou. Nenhuma das casas visitadas tinha todos os itens da minha lista. Já estava a ponto de desistir quando a corretora me disse:

— Tem mais uma casa bem pertinho de onde nós estamos. É logo ali na frente. Por que vocês não entram para ver se gostam dela?

De onde estávamos, eu olhei para a casa. À primeira vista, confesso que não me agradei da aparência do imóvel.

— Ah, mas essa casa parece um caixotinho e nem tem porão.

A corretora de imóveis insistiu:

— Mas é uma casa nova, como você deseja. Ela foi construída em 2003.

O Victor disse:

— Vamos! Não custa nada...

Então, resolvemos olhar aquela última casa sem esperança de que conseguiríamos tomar uma decisão tão importante em tão pouco tempo. Quando entramos, a surpresa. Eu me apaixonei perdidamente pelo imóvel. A casa era exatamente aquilo que eu desejava.

Os trâmites de compra aconteceram sem sobressaltos. Que vitória! Antes que eu desse à luz ao Marcos Felipe, nós já tínhamos nos mudado confortavelmente para a nova casa. Deus tinha preparado um novo tempo para mim! A transação com o imóvel de Everett deu certo e nos rendeu o dinheiro que precisávamos para servir como entrada na casa nova. Para o nosso contentamento, os juros diminuíram o necessário e o aluguel que recebíamos pagava o valor da prestação do apartamento de Everett e ainda sobrava um pouco.

Estávamos devidamente acomodados em Peabody antes que o novo ano de 2006 despontasse. Como eu estava feliz com a minha casinha de três quartos, dois banheiros, lavabo, varanda, e um quintal exatamente como eu pedi a Deus. Lá criamos o João Victor (e o Marcos Felipe também!) correndo e brincando livremente com muito mais estrutura do que poderíamos lhes oferecer anteriormente no Brasil.

Separei um espaço especialmente para o atendimento nutricional no primeiro andar da minha nova casa. Dada a distância, a princípio eu me preocupei se os pacientes me acompanhariam para outra cidade já que são, aproximadamente, 22 quilômetros entre Everett e Peabody. Mas o meu temor logo se mostrou sem fundamento e os pacientes continuaram chegando em número cada vez maior.

De fato, querido leitor, nós não perderemos nada se nos dispusermos a obedecer a Deus. O Senhor restitui tudo na hora certa e muito além do que somos capazes de imaginar. Todos os desafios financeiros que eu fiz para que a minha família mudasse de vida, para que nós conseguíssemos realizar os nossos sonhos na terra, o Senhor honrou. O Victor e eu sempre conseguimos arcar com as nossas responsabilidades financeiras e usufruir do que o Senhor nos deu.

Passei o fim da gravidez do Marcos Felipe na nova casa. Montei o seu quartinho em Peabody com a mesma dedicação e amor com que preparei o quarto do meu primogênito. Escolhi a dedo os móveis, decorações e enxoval com o tema de ovelhinha. Como eu tinha deixado tudo no Brasil, o Marcos Felipe não herdou nada do João Victor e foi tão paparicado quanto o primeiro filho.

Desde o início, Deus havia me dado um tempo mais tranquilo de gestação. Minha segunda gravidez foi completamente diferente da experiência que eu tive na primeira. Ao contrário de quando eu esperava o João Victor, eu tive uma gravidez sem sustos, ameaças ou medos. O único desconforto ficou por conta das náuseas matinais, problema comum às mulheres grávidas. Ademais disso, tudo correu perfeitamente bem.

Eu estava com 41 semanas e meia de gestação quando o Marcos Felipe nasceu no *Massachusetts General Hospital* em Boston. Novamente eu ansiava pelo parto normal, mas acabei sendo submetida a uma segunda cesárea, pois, apesar do bebê se encontrar na posição adequada, eu não tive contração e dilatação. A cirurgia aconteceu sem imprevistos. Fui anestesiada o suficiente e, dessa vez, o Victor ficou comigo durante todo o procedimento.

Me lembro da emoção que senti ao ver os médicos retirarem o meu menino de dentro de mim, ainda ligado pelo cordão umbilical. Sim, mais uma vez eu me lembrei dos meus pais e senti a saudade doer. Nasceu o Marcos Felipe, mais um neto que eles não conheceriam. E eu vivia mais uma experiência marcante na minha vida que não compartilharia com eles.

O Marcos nasceu com, aproximadamente, 4 quilos e 500 gramas e com os olhos claros herdados da avó Glorinha. Depois de cinco dias, deixamos o hospital e eu levei o meu bebê para o seu quartinho na nova casa que Deus havia nos dado há apenas três meses. Os olhinhos do João Victor brilhavam com a chegada do irmãozinho. Estávamos muito felizes!

O Marcos Felipe sempre foi um menino muito saudável. Não tivemos nenhuma surpresa desagradável com problemas de saúde. Seu umbigo caiu com quatro dias e eu pude amamentá-lo por um ano e três meses.

Com o Marcos Felipe, eu vivi uma experiência de gestação e primeira infância completamente diferente. Ele se alimentava muito bem. Chegado o momento de introduzir a alimentação sólida para o meu filho, pude colocar em prática todos os meus conhecimentos nutricionais como eu sempre sonhei.

O tempo passou e o meu segundo filho completou o primeiro ano de vida. Dessa vez, escolhemos não fazer uma grande festa, mas comemoramos em família no melhor estilo americano. Tivemos um bolo de sorvete delicioso, "parabéns pra você" em duas línguas – português e inglês – e, claro, muitas fotos para registrar a ocasião. Aos dois anos, sim, reunimos amigos e parentes e fizemos uma bonita festinha para ele no salão da nossa igreja em Peabody.

Lógico que tivemos alguns desafios durante esse tempo, mas nada crônico ou grave de modo a colocar a vida do meu filho em risco. Passávamos por uma fase de águas tranquilas depois de termos enfrentado uma grande tempestade. A nossa vida havia mudado completamente. Vencíamos uma a uma as pequenas dificuldades que se apresentavam no dia a dia. Vivíamos tempos de paz e prosperidade.

Hoje, olhando para trás e lembrando-me de todos os conflitos que eu tive com a mudança para os Estados Unidos, eu observo como eu dava importância para coisas tão pequenas.

Certa vez, em meio ao período da escassez, o pastor José Carlos, pai da minha cunhada Dhaiane, ao perceber a minha expressão de abatimento, me perguntou:

— Minha filha, o que houve que está te deixando tão triste?

— Ah, pastor, estou vendo tantas pessoas indo e voltando ao Brasil e ninguém pode trazer as minhas roupas e meus pertences que ficaram lá.

— Ana Paula, logo, logo você vai ver que as suas roupas do Brasil não representam nada para você. Você está na América.

Eu nem respondi... naquele tempo, o Estados Unidos e o consumismo americano não significavam nada para mim. Eu não tinha minhas roupas do Brasil e nem condições de comprar as roupas daqui. Quando o ouvi falar desse jeito eu apenas pensei:

— Gente, ninguém me entende mesmo...

Atualmente, eu tenho uma compreensão muito maior do significado das palavras dele. De fato, eu pude experimentar o quanto esse país é abençoado. Agora eu compreendo como os objetos, roupas e utensílios comercializados nos Estados Unidos são tão mais baratos em comparação com o nosso país, sem falar na qualidade que, geralmente, é tão melhor do que o que me era acessível no Brasil.

Agora, sim, eu compreendo como os nossos valores, em contrapartida, são tão pequenos. Finalmente, eu assimilei que a fé tem a capacidade de ampliar a nossa visão. Eu sofria pelas roupas que eu havia deixado no Brasil como os israelitas lamentavam-se pelas cebolas do Egito. Deus tinha algo diferente para mim e, finalmente, depois de passar pelas areias do deserto, eu entrei em Canaã para usufruir da terra prometida. Foi preciso aguardar o tempo do Senhor e esse tempo havia chegado.

Comecei o ano de 2006 com uma nova casa conforme o desejo do meu coração, com a igreja crescendo em avivamento, com a minha profissão estabelecida, com os meus filhos felizes e saudáveis e meu esposo realizado a cada dia.

CAPÍTULO 17

O Valor do Papel

Da parte do Senhor se fez isto; maravilhoso é aos nossos olhos,

(Salmos 118:23)

Tão logo se passaram os primeiros quatro meses de vida do Marcos Felipe, eu voltei a clinicar. O fato do consultório estar localizado no primeiro andar da minha casa facilitou a volta ao trabalho, embora a rotina com um recém-nascido seja sempre um fator estressante. A essa altura, o João já frequentava a escola e o Victor cuidava do Marcos Felipe com muito amor enquanto eu trabalhava atendendo os pacientes. Ao fim do meu dia de trabalho, era a minha vez de assumir as tarefas domésticas e o Victor ficava mais livre para se dedicar à igreja.

Foi assim com cada filho. Ele fazia almoço, arrumava a casa

para mim e atendia as ovelhas quando precisava. Eu sabia que essa atitude requeria esforço, determinação e comprometimento com a família. Tanto amor e dedicação fez reascender minha admiração por meu marido que tinha ficado tão amortecida por tantos acontecimentos no passado.

Assim, estabelecemos uma rotina que nos permitiu cumprir nossos deveres harmoniosamente. A fidelidade de Deus é impressionante! Eu consegui trabalhar sempre com o horário de *"mom time"*, como chamam os americanos, ou seja, de 8 horas da manhã às 2 horas e 30 minutos da tarde. Eu nunca abri mão de levar e buscar meus filhos na escola, ajudá-los com o dever de casa, levar ao médico, participar dos eventos do colégio e preparar os alimentos para a minha família. Ainda hoje é assim. Deus me honrou de tal maneira que eu vivo exatamente com a rotina que eu desejei, conciliando a minha carreira, a família e a igreja. Eu desejei ajudar o meu esposo financeiramente, mas sem deixar minhas atribuições de mãe, dona de casa e esposa.

Em 2007 alcançamos mais uma grande vitória no Senhor. Nesse ano, o Victor e eu recebemos o tão sonhado *green card*. Até então, já tínhamos renovado o visto religioso três vezes enquanto aguardávamos a resposta ao pedido de residência permanente. Pensávamos que seríamos chamados para uma entrevista, como ocorre com a maioria das pessoas, mas fomos surpreendidos quando os nossos cartões chegaram pelo correio. Desde 2002, quando chegamos aos Estados Unidos, até 2007, quando recebemos o *green card*, não vivemos um único dia na condição de indocumentados neste país.

Eu estava vivendo dias de triunfo em todas as áreas da minha vida. À medida que meus pacientes alcançavam sucesso no tratamento, mais e mais pessoas me procuravam. Até que um dia, enquanto eu estava trabalhando, o Diabo começou a me oprimir. A obtenção do *green card* alterou o meu *status* imigratório para residente permanente, mas o inimigo me acusou de estar exercendo a minha profissão ilegalmente. Aquilo, de fato, começou a me aborrecer e eu procurei me informar sobre os procedimentos para regulamentar o exercício da minha profissão nos Estados Unidos, caso fosse necessário. Descobri, então, um processo longo e burocrático que teve um final surpreendente.

O primeiro passo foi entrar em contato por telefone com um antigo professor da UFV, Luis Adelson Araújo Tinôco, que foi o presidente do PET na época em que eu participei do programa. Pedi gentilmente a ajuda dele no envio de todos os registros das minhas atividades acadêmicas no Brasil. Felizmente, ele me atendeu com a maior boa vontade e, por isso, eu sou muito grata. Também entrei em contato com o meu tio Dálber que, sem hesitação, correu os hospitais de Muriaé em busca dos meus comprovantes de estágio. Em pouco tempo, com a ajuda do professor Luiz e do tio Dálber eu tive em minhas mãos nos Estados Unidos toda a documentação do meu desempenho universitário no Brasil.

De posse desses papéis, eu encaminhei os diplomas e históricos de todos os cursos que eu havia realizado para um tradutor público. Após a tradução dos documentos ter sido realizada, eu precisei fazer a autenticação de todos os papéis de modo a conferir e validar as cópias traduzidas. Depois, eu dei entrada dos documentos traduzidos e validados em um órgão americano para verificar a equivalência dos cursos realizados no Brasil e avaliar a compatibilidade deles com a exigência do mesmo curso nos Estados Unidos.

Uma vez que todos os documentos foram entregues para avaliação, o passo seguinte foi aguardar pacientemente a resposta.

Semanas depois, a resposta da avaliação finalmente chegou pelo correio em envelopes lacrados com selos de autenticidade. Eu mal podia conter tanta curiosidade em saber o resultado, antes, porém, eu precisaria encaminhar todos os documentos ainda fechados para o *Board of Registration of Dietitians and Nutritionists* do estado de Massachusetts (Conselho de Registro de Dietistas e Nutricionistas do estado de Massachusetts, em tradução livre).

Após mais alguns dias de espera, recebi a feliz notícia de que eu estava apta a exercer a minha profissão nos Estados Unidos com liberdade. O Conselho me informou que tanto o meu bacharel quanto o mestrado realizados no Brasil tinham equivalência em conteúdo aos cursos oferecidos nos Estados Unidos. Contudo, a minha carga horária de estágio era ainda superior à exigida pelos cursos americanos.

A única ressalva do Conselho foi em relação à obtenção do número de registro de nutricionista. Ao contrário do Brasil em que o estudante recebe o registro do Conselho Regional de Nutricionistas (CRN) automaticamente ao fim da graduação, nos Estados Unidos é preciso que o aluno faça uma última prova específica para o Conselho. Apenas a apresentação do diploma não é suficiente para o recebimento do número de registro.

Sendo assim, para obter esse registro eu precisaria fazer a prova e, uma vez aprovada, o Conselho do estado de Massachusetts emitiria o meu número. Porém, a não obtenção desse registro não me impediria de trabalhar na minha área. Eu poderia atender os pacientes legalmente, como já vinha fazendo em consultório particular, como nutricionista não registrada.

Admito que eu até tentei fazer essa prova, mas conciliar todas as atividades que eu vinha exercendo e ainda encontrar tempo disponível para estudar não foi nada fácil e eu acabei sendo reprovada. Para mim, atualmente, é muito mais importante cuidar dos meus filhos, atender os meus pacientes e exercer o ministério que Deus entregou nas minhas mãos. Essas, sim, são minhas prioridades por agora.

Reconheço que eu dou extrema importância aos títulos, não para me sentir superior aos demais, mas como reconhecimento do meu próprio esforço e capacidade. Porém, hoje eu compreendo que um título é apenas um título. Não ter o registro não anula o conhecimento adquirido durante todos os anos na universidade e nem na prática clínica na especialidade de nutricionista.

E, principalmente, como a não obtenção do número de registro não me impede de trabalhar legalmente em atendimento particular como eu faço, eu entendi que não há urgência ou necessidade em adquiri-lo a qualquer preço apenas para expor mais um título. Eu engavetei temporariamente essa aspiração na certeza de que, se Deus um dia quiser que eu tenha esse reconhecimento, ele vai me dar condições de estudar o suficiente para consegui-lo.

Exercer a minha profissão com liberdade e legalidade foi uma grande vitória alcançada depois de vários anos nos Estados Unidos. Eu fiquei extasiada por tamanha bênção e pela onisciência do Senhor! Eu não sabia da equivalência do meu curso, mas Deus sabia! O Diabo já não tinha arma alguma para me acusar. Eu fiquei felicíssima com o retorno que eu recebi do Conselho de Nutrição. Jamais poderia imaginar que eu tivesse um currículo que sobrepujasse o curso de Nutrição dos Estados Unidos. Isso foi outra bofetada no Diabo. Foi tremendo demais!

Com a profissão estabelecida e o rol de pacientes que não parava de crescer, o Victor e eu sentimos o desejo de abrir uma clínica. Já não havia condições de continuar trabalhando em casa. Às vezes, seis ou, até, oito carros ficavam estacionados em frente à minha garagem aguardando o atendimento. Com tantos pacientes se aglomerando, também seria necessário contratar uma secretária para essa nova etapa profissional que estava a ponto de se descortinar.

E foi assim que no mesmo ano de 2007 eu fundei o *APOS Nutrition and Health Center* – um Centro de Nutrição e Saúde – exatamente três anos depois de ter aberto o primeiro consultório na sala da minha casa em Everett.

A essa altura, a igreja tinha se mudado para o andar térreo do prédio onde funcionava em Peabody e o segundo andar estava disponível para aluguel. A princípio, aluguei uma salinha ao lado, mas após um ano, mudei o consultório definitivamente para o grande salão onde, antes, realizávamos os cultos.

Sim, eu ousei sonhar com aquele espaço para a implantação da minha clínica – o mesmo espaço onde inúmeras vezes eu chorei diante de Deus. Foi nesse lugar que eu adorei ao Senhor em obediência quando o meu coração estava em sofrimento; nesse recinto o Victor, anos atrás, plantou a semente do APOS ao distribuir os cartões de visita para os irmãos presentes no culto; esse foi o hall onde o Senhor lançou a promessa e ressuscitou os meus sonhos.

Como Deus é fiel! Naquela época, eu jamais poderia imaginar que eu voltaria a exercer a minha profissão e inauguraria a minha clínica de Nutrição nos Estados Unidos exatamente no salão que, antes, nos reuníamos para cultuar ao Senhor.

Rapidamente, o número de pacientes triplicou e o meu trabalho foi reconhecido pela comunidade brasileira de tal maneira que eu não conseguia compreender o alcance. Eu passei a ser convidada a escrever para colunas de jornais, participar em programas de rádio, dar palestras em igrejas etc.

De lá para cá tenho recebido indicação do meu serviço, inclusive, por médicos americanos que enviam seus pacientes para se tratarem comigo. Geralmente, eles pedem que os pacientes levem os meus cartões de visitas para as clínicas deles. Nunca imaginei que Deus faria algo tão tremendo.

Por sugestão do meu esposo, comecei também a oferecer atendimento online. Com isso, rompi as fronteiras geográficas e já pude ajudar pacientes na Austrália, Inglaterra, Itália, além de pessoas que residem em inúmeros estados americanos e brasileiros. Obrigada Senhor! Os teus pensamentos são muito mais altos do que os nossos pensamentos[1], bem como teus planos são mais altos que os nossos planos.

Antes da alteração do nosso estado imigratório, estávamos impedidos de viajar. Agora, de posse dos nossos *green cards* e prosperando financeiramente, começamos a planejar uma viagem de passeio ao Brasil. Todas as dúvidas anteriores em relação aos planos do Senhor para a minha vida nos Estados Unidos haviam se dissipado. Cinco anos após a minha chegada, eu estava convicta que Deus havia nos trazido definitivamente para solo americano.

Preparamos as nossas malas e voltamos ao Brasil pela primeira vez depois de um longo período sem rever os parentes. Durante todo esse tempo, eu não havia estado com o meu irmão uma única vez. Nos falávamos frequentemente pelo telefone, mas eu estava ansiosa para que ele conhecesse o Marcos Felipe, o seu segundo sobrinho.

Quando eu desembarquei, o meu irmão já se encontrava a mi-

---

1   Isaías 55:8

nha espera no saguão do aeroporto do Galeão no Rio de Janeiro. A última vez que eu o havia visto foi nesse mesmo lugar quando ele me levou juntamente com o Victor e o João para o que pensávamos ser uma viagem de férias. Anos depois, eu o reencontro em uma situação completamente diferente. O Rodrigo estava casado, formado e era pai de um menino chamado Pedro. Senti um aperto no meu coração: "Meu Deus, tanto tempo ausente e eu não participei de nenhum desses eventos tão importantes na vida do meu irmão…"

Me lancei nos braços do meu irmão em um abraço forte e demorado. Nesse momento pedi ao Senhor, em meu espírito, que o Rodrigo continuasse crendo no amor profundo que sentia por ele. Eu sabia que as minhas atitudes recentes não condiziam com a pessoa que ele conheceu.

Era inacreditável que eu não tivesse participado de todas as incríveis mudanças que aconteceram na vida dele. "Como fui capaz de ficar em um país por tanto tempo sem o ver?" E, com os olhos marejados eu falei com Deus: "Senhor, tu sabes que estou fazendo a tua vontade, então, guarda os sentimentos do meu irmão".

Nessa mesma viagem eu também pude rever a minha avó Glorinha e, pela última vez, estive com o meu avô Geraldo, que faleceu durante o período que eu estive no Brasil. Também visitei a minha avó Maria que morreu anos depois. Estive com a querida "dinda", a tia Lourdinha, no asilo de Eugenópolis. Lembrei-me do amor e cuidado dela conosco nos tempos tão difíceis que passamos na infância.

Realizei, ainda, outra viagem ao Brasil em 2010 e, pouco depois do meu retorno aos Estados Unidos no fim dessas férias, recebi a notícia do falecimento da tia Lourdinha.

Minha avó Glorinha vive até os dias de hoje.

Com a vida restabelecida, no ano de 2011 um desejo forte brotou no meu coração: eu quis ter mais um filho. Tínhamos uma família feliz e completa com os nossos meninos, mas, quem sabe, Deus nos daria agora a Ana Júlia? Desde que o Victor e eu nos casamos tínhamos esse nome guardado, mas coube a Deus nos presentear primeiro com dois meninos.

O Senhor permitiu que tudo acontecesse conforme eu planejei e eu fiquei grávida em março do mesmo ano. Novamente, o meu corpo reagiu com náuseas e sangramentos. Sangrei tanto quanto na gravidez do João Victor. Dessa vez, porém, eu já não sofri com os medos e ansiedades do primeiro filho. Eu tinha aprendido a confiar no Senhor e tinha plena convicção de que a vontade dele prevaleceria na minha vida.

Ficamos regozijantes no dia da ultrassonografia quando descobrimos o sexo do bebê. Sim, dessa vez teríamos uma menina. Arrumei o quartinho dela com o tema de jardim com muitas florzinhas.

Em dezembro de 2011 nasceu a nossa caçula, Ana Júlia, para a alegria de todos nós. Nossa família estava completa!

Na época do nascimento da nossa filha, nós já tínhamos tempo suficiente como residentes legais nos Estados Unidos e pudemos dar entrada ao pedido de cidadania americana. Preenchemos todos os formulários, fizemos as provas e entrevistas e, em fevereiro de 2012, o Victor e eu nos tornamos cidadãos americanos[2]. Durante a cerimônia, enquanto jurava fidelidade à nova pátria que eu tinha abraçado e aprendido a amar, me lembrei de toda trajetória que passamos até

---

2   A aquisição da cidadania americana não invalida a brasileira e nem vice-versa, sendo assim, somos legalmente cidadãos tanto do Brasil quanto dos Estados Unidos.

chegarmos a esse momento. Vale muito a pena confiar no Senhor.

***

À medida que a Ana Júlia foi crescendo, o Victor e eu começamos a pensar em nos mudar para uma nova casa. O quarto extra que usávamos para hospedar os pastores que vinham ministrar em nossa igreja foi transformado em quarto de bebê e a casa, antes perfeita para as nossas necessidades, agora, já estava pequena para acomodar a todos confortavelmente.

Mais uma vez eu coloquei os joelhos ao chão acreditando que o Senhor é o dono do ouro e da prata. Como na vez anterior, eu fiz uma oração a Deus explicando com detalhes como eu desejava a nova casa que iríamos adquirir: "Jesus, eu preciso de uma casa maior, preciso de uma casa que tenha porão, Senhor. Eu quero construir um quarto de profeta para hospedar os teus servos. Eu quero uma casa grande com quatro quartos no segundo andar para que tenhamos privacidade e que a rotina das crianças não seja afetada pela presença dos teus filhos que eu irei hospedar".

Conversei com o Victor sobre o meu desejo e nos dispusemos a, em janeiro de 2014, dar início a um projeto de economizar o dinheiro para a compra do imóvel. Mais uma vez, pedi ao Senhor que a nova casa fosse na cidade de Peabody por causa da igreja e do meu consultório. Foi um ano difícil de muito trabalho, pouca folga e dinheiro apertado. Cortamos todos os gastos extras com o objetivo de alcançar o que tínhamos planejado.

Pela graça do Senhor tudo ocorreu conforme desejamos e, em dezembro de 2014, nos mudamos para a nova casa que Deus nos deu exatamente como pedimos.

Mais uma vez, o Senhor cumpriu o desejo do nosso coração. Ele tem provado que não há perda quando escolhemos atender ao seu chamado. É muito gratificante viver a fidelidade do Senhor no dia a dia das nossas vidas.

De vez em quando, ainda sou provada em minha fé. Os medos e traumas do passado me perseguem e, algumas vezes, reconheço a fraqueza da minha estrutura humana. No entanto, o cuidado e amor de Deus me consolam e me fazem recordar que em tudo o Senhor me garante a vitória.

EPÍLOGO

Eu Escolhi Viver a Vontade Soberana de Deus

E não sede conformados com este mundo, mas sede transformados pela renovação do vosso entendimento, para que experimenteis qual seja a boa, agradável, e perfeita vontade de Deus.

(Romanos 12:2)

Querido leitor, você chegou ao fim deste livro, mas não ao fim da minha história. A minha vida somente acabará quando o Senhor colocar um ponto final. É ele quem tem a supremacia sobre as minhas escolhas e quem determina as próximas páginas que se desdobrarão no meu futuro. Enquanto isso, eu vivo cada dia aprendendo mais sobre a vontade soberana e as consequências de uma vida com Deus.

Como eu me sinto realizada em poder ter cumprido esse projeto que o Senhor plantou no meu coração. Eu publiquei o livro **É Para Ti, Senhor** para que você soubesse um pouco mais sobre como eu permiti que a vontade do Senhor fosse realizada em minha vida.

Gostaria que você compreendesse que, apesar de todos os desafios que eu enfrentei desde a minha infância, o Senhor foi o meu socorro presente muito antes que eu o conhecesse verdadeiramente. Eu perdi os meus pais tragicamente e eu tenho a consciência que nada poderá preencher a falta que eles me fazem. No entanto, o Senhor me deu a capacidade de reescrever a minha trajetória familiar através do meu marido e dos meus filhos.

Ao longo dos anos, eu aprendi a compreender e admirar, amar e colaborar alegremente com o ministério do meu marido. Não foi fácil chegar a essa dimensão, mas eu fui transformada pelo amor e conhecimento da palavra do Senhor. O Senhor ama as almas e quem gasta a sua vida cuidando delas para Deus agrada o coração do Pai. "Esta é uma palavra fiel: se alguém deseja o episcopado, excelente obra deseja, diz a palavra na epístola de I Timóteo 3:1.

Eu amo o Victor com todas as minhas forças e sinto que, da mesma maneira, eu sou amada por ele. Juntos, nós procuramos criar os nossos filhos não apenas atendendo as necessidades básicas que eles possuem de alimentação, saúde, segurança e educação, mas, principalmente, oferecendo-lhes o que nos faltou na infância: o conhecimento das coisas espirituais e os instrumentos de Deus necessários para que eles tenham uma vida de intimidade com o Senhor.

Agradeço muito a Deus pelo meu esposo. Somos diferentes, mas o amor de Deus prevaleceu em nós e, por isso, nos rendemos um ao outro com o intuito de construir uma vida de felicidade plena, uma família que ama a Deus e vive para Deus.

Somente porque eu acreditei no poder de Deus e abdiquei da minha própria vontade para realizar os planos que ele traçou para mim é que, hoje, eu me sinto apta a fazer uma releitura do meu passado trágico, transformando-o em testemunho vivo para a glória do Senhor.

Deus tem sido exaltado em minha vida. Ele envergonhou o Diabo e aniquilou as ciladas que o inimigo preparou para mim. Todas as ameaças que Satanás me fez desde quando eu era apenas uma menina caíram por terra. O Senhor me deu vitória em tudo. Muitos familiares e amigos temeram pelo meu futuro, mas Deus me guardou em suas poderosas mãos.

Depois de ter um encontro pessoal com Jesus na vida adulta eu pensei que, se eu vivesse conforme os preceitos do Senhor, nada de ruim aconteceria comigo e todos os meus planos seriam realizados exatamente conforme eu os tinha planejado. Porém, Deus me ensinou a sonhar os sonhos dele em primeiro lugar. Quando eu precisei abrir mão das minhas conquistas, eu cheguei a pensar que tivesse perdido até a minha razão de viver. Mas foi através do sacrifício dos meus planos que eu pude compreender que a minha alegria está fundada genuinamente no Senhor e em cumprir os seus mandamentos.

Com o passar do tempo, o Pai restaurou o que eu havia perdido. Eu tenho minha profissão de volta e Deus tem cuidado dos meus três filhos. Ele tem nos dado condições para oferecer-lhes uma boa educação, boa moradia e uma família presente e amorosa. Deus restituiu em maior proporção o que eu deixei para trás no Brasil antes de me mudar definitivamente para os Estados Unidos. Eu não perdi nada por confiar no Senhor.

Entenda que nem sempre o caminho do Senhor, a princípio,

parecerá a melhor escolha. Às vezes, os sonhos que traçamos são enganosamente mais atraentes, melhores e perfeitos aos nossos olhos. Atenção! Uma das grandes lições que eu aprendi e gostaria de compartilhar com você é que Deus não vai mostrar a sua vitória antecipadamente porque ele exige de você um ato de fé e confiança.

É claro que, pelo atributo de sua própria onisciência, o Senhor já conhece tudo e sonda os corações. Ele deseja, porém, revelar a você o que, de fato, está escondido no recôndito da sua alma e que você mantém oculto sem mostrar para ninguém. Às vezes, querido leitor, falamos com nossos lábios o que não condiz com nossas atitudes e com os nossos sentimentos. É necessário, portanto, que ele nos faça passar pela prova assim como fez com Isaque, filho de Abraão, e como fez no deserto com o povo de Israel. Assim, ele faz com todos aqueles que professam que o amam.

Sabe qual é o significado de tudo isso? O Senhor quer formar um povo fiel na terra. É preciso alinhar as palavras que brotam de nossos lábios com quem nós realmente somos em Deus. Se você diz que vive para o Senhor, então, não abandone a sua fé quando as circunstâncias estiverem desfavoráveis.

Da mesma maneira, escolha obedecer ao Senhor pelos motivos corretos. Sirva-o por amor e gratidão ao invés de pensar somente nas recompensas materiais. Não negocie a sua obediência em troca da bênção de Deus. Quando eu escolhi deixar os meus sonhos para trás, eu não sabia que Deus me recompensaria no futuro, mas eu o amava o suficiente para abnegar o que era tão importante para mim. Na verdade, chegou um tempo em que eu me conformei com a vida insossa que eu estava vivendo, acreditando que Deus estivesse tratando o meu interior e que, talvez, eu estivesse fadada a uma vida sem expressividade.

O Senhor transformou o meu pranto em júbilo[1], mas estou ciente que a minha jornada de fé não chegou ao fim. Tenho muito o que aprender e Deus me ensina a cada dia a viver conforme ele determinou. Ainda hoje o Senhor prova a minha fidelidade. De vez em quando ele ainda fala comigo: "Você confessa que tudo o que você tem, na verdade, é meu? Eu quero ver se isso é verdade na sua vida. Faça o que eu te peço com o melhor que você tem. Não poupe esforços para cumprir o que você me prometeu".

A minha história se repete por causa do meu desejo de viver. Eu poderia ter desistido da vida; eu poderia ter me entregado às paixões mundanas e aos delírios do álcool, mas eu conheci um Deus que me redimiu, me deu uma nova oportunidade, abriu um caminho novo e eu passei por ele. Eu não quero mais olhar para trás. Não adianta passar a vida escravizada pelo passado. Ao contrário, é preciso usar as experiências dolorosas do passado como degraus em direção ao alto. Faça você também uma escolha de vida com Deus. Aliás, a primeira coisa que você precisa é desejar VIVER.

Deus fez brotar em meu coração o desejo de compartilhar o meu testemunho de vida através deste livro depois de observar as pessoas ao meu redor. Assim como eu, muitas delas passaram por situações terríveis e dolorosas. Muitas estão com feridas abertas e não acreditam que podem ter vitória sobre o passado que as maltrata e condena.

Eu decidi revelar a dor do meu passado para que você compreenda que é possível deixar para trás a conduta passiva de autopiedade. Ao invés de sentir pena de si mesmo, tome uma atitude de guerreiro. É preciso lutar para vencer. A minha vida não foi fácil, mas eu segurei nas mãos do Senhor para me erguer. Só foi possível reescrever a minha história porque eu escolhi a vida em lugar da morte.

---

1   Salmos 30:11

Saiba que para criar alegria genuína sobre a tristeza que assombra a sua alma é necessário que, primeiro, você tenha o desejo de viver. A partir daí, volte-se completamente para Deus. Faça uma reconciliação com o Pai através de Jesus. Aceite o sacrifício que o Filho de Deus fez na cruz do Calvário por você. Reconheça, sim, que você é pecador, mas creia que você pode ser perdoado por Deus. Uma vez que o Senhor habitar em sua vida, automaticamente, o Espírito Santo, também chamado de Consolador, passará a residir em você.

É através do Espírito Santo que você vai receber o consolo necessário para conviver com as dores que angustiam a sua alma ferida. Ele vai te ajudar a compreender a Palavra de Deus escrita na Bíblia e propagada aos quatro cantos. Aos poucos, os seus valores pessoais serão substituídos pelos valores de Deus. Você está pronto para mudar a sua maneira de contemplar a vida? Ao contrário do que é imposto pela sociedade, para Deus o servo é maior do que o seu senhor e o próximo é maior do que você mesmo. Para Deus, uma alma apenas vale mais do que o mundo inteiro[2]...

Deus faz o necessário para salvar a vida de um pecador. Hoje, finalmente, eu compreendo que ele faz até com que os seus servos se mudem de um país para outro para atender às necessidades de um povo. Se você cumprir a vontade do Senhor, ele vai te usar para repartir o que você tem com os que precisam no lugar que ele achar necessário.

Com uma escolha de fé você pode usufruir do melhor que Deus tem para oferecer. O que o Senhor tem para nos dar é resultado do tamanho da fé que depositamos nele.

---

2   Pois que aproveita ao homem ganhar o mundo inteiro, se perder a sua alma? Ou que dará o homem em recompensa da sua alma? Mateus 16:26 na versão Almeida Corrigida e Revisada Fiel.

Imagine que você esteja em uma pista de corrida em um determinado horário junto com um desconhecido. Enquanto essa pessoa corre, você caminha. O que vai acontecer? Na mesma contagem de tempo, ela conseguirá ter uma performance melhor e obterá melhores resultados em saúde e força física que você, apesar de vocês estarem no mesmo lugar, ao mesmo tempo.

Correr requer treinamento, esforço, condicionamento, determinação e renúncia. Provavelmente, essa pessoa já vinha treinando há algum tempo para que tenha alcançado a condição necessária para a corrida. A isso – alcançar mais benefícios no mesmo espaço/tempo que outrem – o meu esposo chama de **remir o tempo**.

Com o auxílio de Deus você pode remir o seu tempo; você pode fazer muito mais, viver muito mais intensamente e desfrutar muito mais do que uma pessoa que não confia em Deus. A pessoa que tem o domínio de seus planos até pode conquistar o mesmo que você, mas ela não sentirá o sabor de uma vitória entregue por Deus. O Senhor nos surpreende quando menos esperamos, conforme diz a Bíblia Sagrada: "Ora, àquele que é poderoso para fazer tudo muito mais abundantemente além daquilo que pedimos ou pensamos, segundo o poder que em nós opera"[3].

Espero que você aprenda a viver contando os seus dias com sabedoria; fazendo com que cada um deles valha a pena e tenha valor para as pessoas ao seu redor.

Antes de conhecer a Deus, eu não tinha paz. Depois que o Senhor entrou na minha vida, eu conheci a verdadeira paz que excede todo o entendimento. O conforto nos braços do Pai Celestial, a esperança na vida e a serenidade no meu coração são, para mim, presentes espirituais que o Senhor me entregou e que eu não poderia encontrar

3   Efésios 30:30 na versão Almeida Corrigida e Revisada Fiel.

em nenhum outro lugar, nem em bens materiais e, nem mesmo, no amor dos meus pais, marido ou filhos. Tudo isso eu ganhei de Jesus. Ainda há uma esperança e um consolo para você também! Creia tão somente.

Minha oração, querido leitor, é que este livro possa edificar a sua fé em Cristo Jesus. Que essa mensagem desperte em você o mesmo desejo ardente que o Senhor fez brotar no meu coração de escrever uma história de fé em Deus para a posteridade. Creio que ainda lerei neste tempo muitos livros sobre os milagres que Jesus continua operando na vida de todo aquele que crê e que escolhe viver a vontade soberana de Deus.

Above Publicações

Publicando Sonhos!

FONE - (27) 4105-3374
contato@aboveonline.com.br
www.aboveonline.com.br

Made in the USA
Middletown, DE
29 October 2015